나는 있다

나는 ☐ 있다

시인수첩 시인선 082

이정란 시집

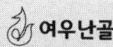
여우난골

| 시인의 말 |

있다와 없다 사이 오솔길을 오래 걸었다.

새로운 있다는 없다 앞에서 얼굴이 붉어진다.

어디서부터 동행했는지 바람과 함께 온 투명한 저녁에 몸이 용해되었다.

| 차례 |

시인의 말 · 5

1부

일회용 라이터 · 14

무무 · 16

어쩌면 손잡이 · 18

나는 있다 · 20

얼룩말은 어떻게 웃지 · 22

오이 · 24

감자 · 26

거울 · 28

고양이 눈 속의 시간 · 30

면포 위의 오렌지 · 32

백로 · 34

빈 접시 · 36

가파른 가을 · 38

하지의 태양혈 · 40

2부

젖은 가방 · 44

부재중 · 46

블록 게임 · 48

아홉 장 달의 꽃잎 · 50

던져진 책 부서진 의자 · 52

공전하는 알약 · 54

고독한 산책자의 개구리 · 56

고독한 산책자의 프레임 · 58

블릿의 블랙홀 · 60

유리잔 · 62

쪼르륵 샛강 · 64

내가 아는 나와 내가 모르는 나 · 66

온종일 돌이기만 한 돌 · 68

고양이는 모르는 삼각형의 공식 · 70

부테스 · 72

음악은 넘치고 국자는 뒤집어져 · 74

3부

어린 이방인 · 78

투명 종 · 80

관찰자 · 82

초저녁잠 · 84

어둠 · 86

빛 · 88

은총 곤충 그리고 닙 · 90

나무와의 삼각 편대 · 92

새벽의 새벽 · 94

난쟁이 멀리 던지기 · 97

랩 · 100

천공 · 102

개의 꼬리를 물고 · 104

사슴벌레 · 106

신발 귀신 · 108

간지러운 독 · 110

4부

이토록 다정한 · 114

긴 그림자에 침을 섞어 · 116

센티멘털 윈도 · 118

그러니까 · 120

안데스의 바람 · 122

달빛 스카프 · 125

반신반의 · 128

구름의 숟가락 · 130

다 같이 어는 걸로 · 132

동시 독서 · 134

물의 나이테 · 136

말을 아끼는 수다쟁이 · 138

배시시 옳다는 거 · 140

황금주발 쨍그랑 · 142

햇볕 냄새 · 144

마음 · 146

달빛 주의보 · 148

잠자며 새끼를 분만하는 공주 입 · 150

해설 | 황치복(문학평론가)

있음과 없음, 혹은 존재의 근거와 양상·153
—이정란, 「나는 있다」의 시 세계

1부

일회용 라이터

번잡한 거리 한중간에서 마주쳤지
젖고 젖어 자신을 아예 잊은 듯했지

가득 차 있는 눈물이 얼굴
한쪽을 희미하게 켜주었지

두 개의 촛불을 일으켜 가늘게
흔들리는 불빛 아래 절을 했지

눈물로 점화된 불이
뼈와 살을 다 소각한 후
마지막에 내비치는

말간 얼굴

많이도 스쳐 보냈지
피로감 벗은 투명한
얼굴의 산과 들

액체 가스처럼 사라지지
밟으면 탁 으스러지지

이미 늦지도 빠르지도
않은 조각들의 엔딩

뒷모습이 없어 좋지
갈 곳 몰라 더 좋지

무무

무무는 갈 곳 몰라 모르는 곳으로 간다
아는 것도 없고 모르는 것도 없다

무무는 없어지기 위해 애를 쓴다
아무것도 아니기 위해 모습을 보인다

그에게 붙일 이름과 의미를 연구하는 데
많은 시간을 바치지만 무무는 스스로를
애벌레의 직전 나비의 직후라고 생각한다

태생이 없어 아무 말도 할 줄 모르고
눈코입이 없는 얼굴 몸이 없는 몸을 가졌다

만지는 이에 따라 다르게 만들어졌다 곧장 사라지는 무

터미널처럼 느껴질 때도 있고 바람 같을 때도
한칼에 내 몸을 두 동강 낼 때도 있다

자기가 낳은 무를 묵묵히 썰고 있는 무무에게
훈수를 두기도 하지만
배우는 존재가 아니므로 뇌는 없는 것에 가깝다

있는 것에서 멀어지느라 아무에게도 보이지 않고
찾지 않을 때 불현듯 보이는 그를 아예 잊어버리자

없는 존재라고 나를 짓누르기 전에
도처에 이르러 바람의 줄기세포로 반죽되기 전에

어쩌면 손잡이

떨어져 나가고 싶어
이런 말을 할 수도 있겠다

우리 집 것과 똑같은 건데
그 집 컵엔 손잡이가 있다

내 턱과 손발은 쉬지 않고 덜컹거리는데
손잡이는 한 번에 딱 가 붙었을 것

손잡이는 내면보다는 형식이지만
컵의 마음가짐을 간섭한다

손잡이가 떨어져서 당신 두 손을 감싸 줄 수 있었고
손잡이가 없어 뜨겁거나 차가울 땐 보고만 있어도 좋았지

어쩌면 웃지 않으려고 애쓰는 피에로인지도 몰라
떨어져 깨지는 순간 섬광이 되는 비극

뜨거운 차가 혀와 교감을 나눌 때도
마지막 한 입술이 푹 우린 마음을 바닥에 내려놓을 때도

나락의 안간힘으로 괄약근을 조인 다음의 일

손잡이 없는 컵을
두 손으로 모신다

나는 있다

땅 어딜 밟아도 벨이 울렸어
어딜 파도 까만 씨앗이었어

새싹은 지축을 흔든 후 혼돈에 빠졌지

말발굽이 지나가고 떨어져 나간 목에
뒤엉킨 천둥 벼락의 뿌리가 돋아났어

새끼 고양이의 이빨 같은 백설이
무한으로 꽉 찬 세상의 난청을 녹여주었지

영원을 사는 신의 이야기가 까무룩 낮잠이란 걸 알게 된 건
미지의 불 한 덩이 덕분이었어

한 점 내 안에서 출발한 우주가 폭발하고

먼지 하나와 맞물려 공중의 틈 사이로 빠져나가

은하가 되기도 어둠 한 알갱이의 고립이 되기도 했지

하늘은 마음을 펼칠 때마다 열렸다 닫혔다

미래의 옆구리에서 떨어진
내 몸은 신의 언어

시간의 톱니바퀴에 부서져 내릴수록 신은 미지에 가닿고

비어 있음으로 시작되는 중심

나는 지금 수십억 년 동안 나를 빠져나가는 중

무심히 지나가기만 해도 튀는 시간에 휘청이며

얼룩말은 어떻게 웃지

하늘이 속는다 저 얼룩말은
순하다 일어난다 단단하다 넘어진다

나목과 합의된 햇빛의 잔재주를
받아들인다 통과한다 걷어찬다

웃옷 벗어 햇빛에 질끈 동여매 허리께
얼룩무늬 숨통이 조이면서 난관에 부딪힌다

눈을 내리깐 햇빛이 침을 뱉는다 뺨을 때린다

얼룩말 너 거기 서
어디서도 볼 수 없는 이상야릇한 무늬로 치대줄게

멈춰 서서 한 바퀴 돈다 긴 귀를 한 번 턴다
대숲에 모여 있는 어린 바람들 꼿꼿한 등이 휘청인다

멈칫 아무 사연이 없다는 걸 말해버렸다

조금 남은 욕심도 어쩔까 고민 중이라고

에라 이 사람 병신아
그러면 얼룩말도 아니여
귀도 작고 주둥이 뭉툭한 것이
발굽도 딱딱해지려면 아직 멀었네, 어서 뛰어!

나는 대숲에서 인도로 내리뛰었다

너 얼룩말 아니구나
내가 선사해 준 무늬 다 내놔
사팔뜨기 태양아 난 모르는 일이야, 피식
(그나저나 내뺄 때 얼룩말은 어떻게 웃지?)

오이

오이를 반으로 가른다
한쪽은 줄기에서 왔고 한쪽은 꽃에서 왔지만
오이는 줄기도 아니고 꽃도 아니다
허공도 아니고 바닥도 아니다

오이를 키운 건 줄기차게 서로를 부정하는 반대 방향

다섯 조각으로 잘린 경우
오이는 앞뒤 열 개의 원반을 갖는다
미로는 원반 바깥으로 길을 이었다

오이 조각을 버리고
원반 안으로 미로를 가지고 들어가는 경우

멈추지 않는 회전체
셀 수 없는 층의 타래
켜켜이

빛은 어둡고 고요는 무거워
빛에 빛을 첨가하고
고요에 소음을 뿌린다

소음으로 이루어진 내 몸속 쓴맛으로 오이는 영근다

의심으로 오이와 연결된
나는 이미 반으로 잘려
조용히 죽어 있는 칼을 내려다본다

감자

 어디선가 한 물질이 왔다

 그 물질이 감자의 생각에 닿아 싹을 틔운다. 싹은 감자를 둘러싼다. 처음의 감자는 썩어 없어진 채 여기 있다

 싹은 꽃과 낙화를 동시에 품는다. 꽃은 느낀다, 몸을 간지럽히는 게 주어진 최대치의 사랑이란 걸. 나비는 꽃을 첫눈에 알아보기 위해 태어난다

 감자를 심은 건 물, 물은 형태를 바꾸며 감자를 지나고 물을 건너 감자 바깥으로 나간다. 감자의 생각도 물길 따라 갈라지고 이동한다

 최초의 싹과 감자가 가장 멀리 있을 때 꽃이 감자를 연다. 꽃은 다른 감자를 보려는 눈. 눈물을 통해 낯선 세계가 보일 때 꽃은 감자를 닫는다

 감자는 감자가 되기 위해 낙화를 물고 뿌리 깊은 곳을

파고 들어가 중심을 분해하고 생각을 녹인다

  감자에 땅이 나고 하늘 나고
  감자에 싹이 나고 잎이 나고

거울

너는 나를 순례하지 않았는가
도달하고자 하는 곳은 마음인가

같은 동심원에 묶인 너와 나 황홀이다
너를 보면서 완전한 반쪽이 되어간다

검은 옷 한 벌을 우린 함께 입었다
암암한 반쪽을 비추기 위해

나는 너의 침묵이 아니라서
너는 나의 입김이 아니라서

마주 볼 때마다 들키는 사이구나

나를 떠나면 너에게
너를 떠나면 나에게
도착하는 반쪽짜리 행로

오른손을 올려, 그렇지 너의 심장
악몽을 던져, 이런 나의 아침이 무너졌다

어깨를 맞대보자
직각
완벽한 타인을 이루는 구조
바람의 기억을 나눠 가지면
수평
어색하고 어설프게 하나 되는 순간

들리지 않는 음의 노래
검은 옷을 벗어볼까
얼굴은 떨어뜨리고

결국 빈 목소리로 이별하는
해와 달의 이야기

고양이 눈 속의 시간

우린 눈이 마주치면 비로소 생겨나는 동공을 가졌다

눈앞엔 소복소복 자라나는 것들 그리고
차츰차츰 작아지는 것들
그 사이에서 아무도 모르게 야생 고양이 태어난다

고양이 눈을 갉는 시간이 자란다
눈물샘에서 음악이 샘솟는다

암흑을 돕는 어둠의 이름은 어디에도 없다
아직 아무것도 아닌 어둠은 계속된다 지속한다

앞이면서 뒤인 얼굴을 핥다가 몸을 잃는다
하지에 뱀이 되는 돌계단을 다 오르면 허방
잃어버린 몸은 돌이 되어 하지 후의 뱀을 친다

폐허가 된 신전에서 안간힘으로 우는
야생 고양이의 울음을 덮는 무덤은 없다

시간의 숨을 혼자 즐기는 무덤

무덤 속 숨소리에 뿌리를 댄 만드라고라에는
죽음과 삶, 여자와 남자가 나란히 열린다

한낮의 어둠 속에서 고양이의 실눈은 밝아지고
한밤의 빛 속을 거슬러 오르다 빛에 사로잡힌

검은 시간이 고양이 눈 속을 파고든다

면포 위의 오렌지

팽팽한 면포 위에 오렌지 같은 당신을 올려놓습니다
주위가 당신의 무질서만큼 움푹해집니다
면포 가장자리에 구슬을 놓습니다

당신은 거칠게 말합니다
네가 일을 크게 만들었다고
구를 수밖에 없는 구슬이 받아칩니다
면포는 기울어진 세상입니까

자, 자, 그만 그만

누가 뭐래도 오늘은 당신 최고의 날
생각 한 올만 빠져도 이 순간은 공허입니다
당신과 구슬은 x선처럼 통과되는 사이
도움닫기 없이 다른 면포로 이동할 수 있습니다

다시 생각해보죠

구슬을 0의 자리에 갖다 놓고
면포 위의 당신을 못으로 고정시켜 둡니다
면포를 찢을까요 태워버릴까요 아니 면포라는 사막이
흘러내립니다

모래 한 알도 아닌 a와 z
할 수 있는 게 뭡니까

구슬은 무조건 당신을 향해 굴러가고
가만히만 있지 않을 테니 당신은
무질서의 최고치를 찍을 거고요

백로

여러 개 단추를 잡아 뜯는 소리가 흘러내렸다

바람이 햇살을 구깃구깃 뭉쳐 휙 던진 것
이를테면 해의 살갗이 한 움큼 벗겨진 것

수면은 몇 개의 깃을 파득파득 쳐 올렸다

공중의 빈틈을 찾아 빛을 입고 싶은 날개

볕 좋은 곳을 골라 서성이다가
비릿한 태동의 냄새를 맡고는

오래 간직해 왔던 생각의 오라기들을
그물처럼 꺼내 펼쳤다

물결로 퍼져가던 그것이
숨을 헐떡이며
자기 모습을 못 갖춘 채

낮은 공중에서 허우적대다

흰빛 덩어리의 가장 약한 부분을
아슴아슴 쓰다듬으며
겨누어 날아올랐다

빈 접시

내 몸 빌려 내게 오신
어떤 이에게 딱 하나 남는 것이
나라는 말을 듣는 순간

마지막 컵을 놓쳐 깨고 말았으니

유일한 존재라는 말이 믿어진다
깨어진 조각으로 그림자를 맞춘다

진딧물처럼 나뭇잎에 붙어
수액을 빨고 있는 시간의 헛꽃들

돌아서는 해가 아무렇게나 뿌려대는 빛은
몸에 뒤집어쓰고도 남는다

죽은 물고기의 뜬 눈에서는
써도 써도 줄지 않는
영혼의 기포가 계속 새 나온다

밤낮 끊이지 않는
포효와 할큄 속에서도

빈 접시 위엔 고요의 처음이 넘쳐흐른다

가파른 가을

이제는 나를 믿지 말자
말라가는 장작이 쩍 골을 낸다

믿음이 제일인 양 나를 데리고 살았다
극한에 도달하지 않아도
다시 떠오를 수 있는 계절

배회라는 말이 저 홀로 깊어
가슴에 샛강 줄기를 파다 빠져 죽어도 그만

가면 없이 얼굴을 고쳐 그릴 수 있을 만큼 웃었다
그 뒤에 적바림해 둔 많은 표정들도 늙어
깊어진 주름살을 이제 다 풀어주어야겠다

가을볕엔 뭔가 말리지 않으면 손해인 것 같아
뭔갈 찾아 걷는 들길에 산국의 샛노란 멜랑콜리

몸을 트는 뱀의 꼬리는 빳빳하고 미나리 대는 가냘프다

계절은 짧아도 하루치의 햇살은 더없이 길어
젖은 마음 탁, 탁,

털어내려던 삿된 것들도
투명한 정신의 영역에 든 것처럼 저 홀로 명징해 보이
는 건
가을만의 사늘한 깊이 탓

어디에도 속하지 않은 두 다리가 튼튼하다면
떠난다는 것도 그다지 가파르지 않아
가을 또 간다

하지의 태양혈

어느 별에서 누가 아픈가
지끈 태양혈 누르며
하지의 들길을 걷는다

잠깐 멈춘 아기의 다리를 타고
한 줄기 오줌이 흐른다
다시 길을 가는
아기 따라 나도 간다

피 대신 물
바람보다 발걸음

죽음과 삶을 뒤섞는 호흡
태초부터 이어져 온 맥박

손에 손
입에 입
그 위에 마음자리

마음과 마음을 맞추면
흘러넘치는 침의 거미줄

이대로 가
어디든
가지 않아도 가
언제든

함지야
응, 아가야
태초부터 지금까지야

우린 아주 잠깐 사이
함께 태어난 샴쌍둥이
심장이 붙어 숨 쉰다

숨 한 줌씩 모아

연두색 아기 태양의
등을 덮어준다

아련한 연기 너머
천궁 넘고 꿈을 건너
시간의 비늘 벗기며
천둥 번개 속에 영원히

우리의 엄마들 만나러 함께 가자
백만 살 아가 태초야
천만 살 티끌 바람아

2부

젖은 가방

　도서실 계단으로 쏟아져 내려오는 바람 소리에 책이 젖었는데도 아랑곳하지 않고 사서는 바코드 리더기에 책을 올렸다

　젖어 얼룩진 가방은 한 계절 지나도록 마르지 않았고, 책은 펼치자 증발했다

　반납 독촉 문자를 받은 때는 겨울이었다

　책이 아니라 눈오리를 반납하라니

　도서관에 가 자초지종을 말했다. 사서는 가방이 그렇게 오래 젖어 있는 건 눈오리를 반납하지 않은 때문이라고 목소리를 낮게 눌렀다

　억울하고 기막혀 주위를 둘러보는데 사람들이 다 얼어붙은 채 눈만 깜빡였고 젖은 가방 안에서 눈오리 일곱 마리가 삑삑 울었다

눈오리 울음이 바코드에 읽히자마자 어느 벌판에 나는 혼자 서 있었다

 젖은 옷을 걸쳐 입은 채 떨고 있었다. 외롭진 않았으나 젖은 가방을 읊조리는 말소리가 입김으로 끝없이 새어 나왔다

 그런데 오른팔이 없었다
 가방을 찾으면 들어야 해 메야 해

 가방에 관심 없다던 왼팔을 쏘아보는데

부재중

언니가 쓰던 전신 거울 속에서
툭하면 사람들이 걸어 나온다

연극배우처럼 과장된 몸짓으로
자기 얼굴을 쓰다듬던 사람은
관객을 기다리다 녹아버렸다

다리 없이 춤추던 어떤 이는
제 다리 찾아 뱅뱅 돌다
다리 삼던 머리를 잃고 굴러다녔다

일생 운 적 없다며 눈물 쏟는 사람은
제대로 우는 법이 영근
사과나무로 다시 오마고

벗어도 벗어도
몸이 보이지 않는 사람은
나는 헛이야

옷이 없는 사람의 몸이 되겠어

뒤를 계속 돌아보는 사람은
돌아볼 때마다 눈이 없어진다

그들이 돌아설 때마다 내 앞이 수북해진다

짓기 전에 없던 그것들이 지워지지 않는다

처음부터 없던 그것들이 내게 점점 더 들러붙는다

블록 게임

열린 창틈을 긴 막대로 틀어막는다
창이 싹 지워진다

나뭇가지 사이 빈 공간에 새들이
들어앉는다 하늘이 출렁 사라진다

공중 빈 공간을 사람으로 채워 넣은 화가도 있다
사람 눈엔 공중에 떠 있는 사람만 보인다

사람과 사람 사이에 새로운 사람이 일어나면
공중의 숨구멍이 막힌다

가장 숨 막혔던 게임은 바닷가 민박집
창살 네모 칸에 바닷물 채워 넣은 것

바다와 창살은 지워지지 않고 이튿날
둘이 꿰맞춘 아침 태양을 들어 올렸다

빈터를 지키는 허수아비와 꼭 맞았던
나는 지워졌다 매번 다시 살아났다

아들딸남편엄마아버지애인친구아내여자와
나란히 손잡고 이동하다 어긋나는 발걸음

무효가 되는 장면들을 이어 붙이면
세상에 없던 블록 하나가 완성된다

어디에 쓸까 누구 숨구멍을 막아줄까

두부 빈틈에 뜨거운 머리를 처박은 미꾸라지는
배불러도 메워지지 않는 허기를 뚫고 지나갔다

아홉 장 달의 꽃잎

달의 꽃잎 개수는 선악의
창조보다 더 논쟁이 많은 문제랍니다

꽃잎의 본질은 이슬처럼 스러졌다
곡식처럼 다시 일어서는 혼

혼의 이파리 한 장 어긋나 달을 외면하거나
혼의 이파리 하나 붉게 타 달을 숭배하거나

달빛에 불어넣는 고백이나 참회
한 잎 우려 몸속에 흘려 넣는 건 모두
달의 속성과는 동떨어진 일

달을 빛내는 이방의 언어들은
겹겹의 눈빛으로 서로를 차단합니다

아홉 장 꽃잎의 달이 달이 아닐 때까지
매일 밤 달의 마음을 헤아려봅니다

참도 거짓도 없이 손도 발도 없이

저 달은 하나 둘
세 걸음으로 우주를 건너뛰는 비슈누이니까요

던져진 책 부서진 의자

첫 페이지 열리기 전에 던져진 책이 있다
언덕 위 이파리 없는 한 나무가 흔들렸다

누가 앉기도 전에 난폭하게 던져진 의자
한 엉덩이에 뾰족한 잎사귀가 박혔다

부서진 의자 다리에서 움튼 싹이 의자를 받쳤다

시계가 가건 오건 관심 없던 벽이
움찔하는 사이 벽시계가 떨어졌다

허공을 채운 시간의 빈틈을 지나는 빛 금
처음 듣는 자기 비명에 놀란 못 제 머리를 놓아버렸다

방문이 열리지 않는다
안에 아무도 없는 것을 안다 아니다
손잡이를 잡고 비트는 쪽이 안이다

문은 가끔 안에서 밖으로 들어가는 막무가내가 되고
뒤섞인 안팎을 서성이다 나는 총총 내가 된다

커피 잔에 들어찬 빽빽한 밤을
모르고 마셨다가 검은 숲 한가운데 떨어져
생전 잡아본 적 없는 빗줄기를 들고 서 있다

사라진 첫 페이지에서 마지막 의자가 금방 태어났다

공전하는 알약

비의 달리기 장면을 기억해

일정 거리 바깥에서
넌 비 맞는 사람
난 비 맞을 사람

앞뒤 훌쩍 뛰어넘는 높이가 있었다면
벽을 세우고 흠뻑 젖은
너를 수조처럼 바라보았겠지

겨드랑이에 끼워진 솜구름에서 약 냄새가 난다
솜구름 튜브에 떠밀려 멀리 나는 간다

계단은 계단을 밟고
사람은 사람을 밟고

나 한 계단으로는 층을 못 쌓고
너 한 알로는 사람을 못 쌓고

천수천안이라면 또 몰라

천수관음이 아프면 천 개 알약을
천 개 손에 하나씩 쥐어 줘야 하나
아니면 오백 개 물약을 오른손에 하나씩

약 한 알은 우주대폭발이라도 이룰 듯
나 한 점에서 퍼져나가 미지의 한 점을
공전한다 암흑으로 꽉 찬 텅 빈 공간

퍼져나간다 무한대의 별 사이로

고독한 산책자의 개구리

울다 보름달 삼킨 적 있는 개구리처럼

뜨거운 목구멍을 부풀렸다 접었다

열 번을 삼켜도 보름달은 열 번도 더 뜬다

달에서 지구에 도달한 빛을 개구리는
한 시간에 한 방울씩 볼 수 있다*

남아 있는 나는 떠나간 나를 볼 수 있다

떠난 나와 남은 내가 무화되는 순간
사라지는 개구리를 볼 수 있다

울음 다발 한칼에 베어내는
검객도 놓치고 마는 개구리

미끄덩 밟혀 풀숲을 뒤적여 보면

뱀눈에도 안 보이는 개구리가 죽어 있다

머리 위 툭 불거진 눈은
오랫동안 달을 바랐던 흔적

* 울프 다니엘손, 『시인을 위한 물리학』.

고독한 산책자의 프레임

태초에 까만 정지가 있었지
곧 태어날 동식물의 들숨과
내 씨앗의 날숨도 어딘가에 준비돼 있었지

팽창하는 우주를 거꾸로 호흡 안으로 불러온다
시간의 어지럼증을 없애기 위해 그것보단

우주도 좀 쉬어 가야지

비슈누의 손을 잡고 큰 우주를 건너뛰며 작은 우주가 온다
자전 공전의 고삐 워워, 잡아당긴다

직립 이전까지 거슬러 올라가면 산책을 못 하니
허리 펴고 두 손은 땅에서 뗀다

한여름 땡볕에 정수리가 녹고
양어깨까지 허물어지는 묘미

어떤 까만 시간 가운데에 떨며 서 있다

희미한 정신의 물결이
대지에 보습처럼 박힌
로빈슨 크루소의 성기*에 닿는다

프레임에 걸어 두었던 고삐 느슨해지고

다시 멀어져가는 우주 꽁무니를 무는 가마귀 떼

* 미셸 투르니에, 『방드르디, 태평양의 끝』.

블릿의 블랙홀

블랙홀을 통과하는 블릿

광속 이상으로 피를 분출해 심장아
그깟 총알쯤은 멀리 튕겨 버려야지

재스민 향이 연주하는
피의 음악에 춤추는 이 없도록

우연히 떨어진 어느 작은 만에서
홀로 충만해진 외로움은
광속을 가볍게 넘어설 거야

폴짝 뛰기만 하면
들어 올려질 거야 갇혀 있던
검은 깃털이 우수수 떨어질 거야

사건의 지평선을 맴맴 돌다
목매달려 아무도 알아보지 못하는

황홀은 신도 몰라볼 거야

멀리 보면 빨대 같은
별의 시커먼 우물 속

머리 위에서 아래를 내려다보는
나와의 안녕은 아슬아슬

딱딱한 우울과 더는 부딪치지 않고
빤히 작아지는 파란 구슬

유리잔

놓치다는 명이 짧고 굵은 분

동백꽃처럼 맨바닥에서 가장 찬란하다

유리만 보면 침 흘리며 손목을
그만 자르라 주문 외는 음성은
세이렌의 노래보다 더 치명적이다

피 냄새 나는 거리에 빛의 속도를 가진
손과 발, 그물이나 공 따위가 있을 수 있다
거기에 광신도 같은 믿음이 한몫할 때
놓치다 그분은 최고조의 희열에 달하며
끼어든 모든 것의 불협화음이 고막을 찢을 때
제 목숨과 바꿀 마지막 체액을 분사한다

이를테면 그물이나 손발이 천상의 화음으로
급강직하는 유리잔을 사뿐 노래하는 그때
그분은 제 목을 조르며 귀에 익숙하지만

처절해서 아름다운 자기 신음에 홀린다

남의 피 냄새보다 더 좋은 선율은 무엇일까
거꾸로 치솟는 피를 연주하는 건 이 세상 손이 아니다
멀쩡한 손발로 유리를 제대로 깨뜨리지 못하는 이들에게
놓치다 그분이 마지막 남긴 유언은
산산조각의 피로 전신을 물들이라는 것

쪼르륵 샛강

바람에 들입다 흔들리는 나무

내 시는 왜 왕창 한 번에 못 꺾이나

밖으로 새 나갈까 조심조심 오줌 누며
몸속 긴 강줄기를 느껴보는데
폭우가 치나 가뭄이 드나 그 강은 오직 그 강

샛강 소리 쪼르륵 귀 기울이다 보면
천리 밖 그대의 갈비뼈 안쪽조차 궁금하지 않다

지워버린 시들이 빗물처럼 땅에 스며
이름 없는 무생물들의 영혼 축여주기를

달의 관점에서 일출처럼 돋는 지구를 봤다
건드리면 어둠 한 줄기 찍 갈기고 금방
쪼그라들 것 같은 동그란 오줌보

몸속 수많은 샛강 줄기를 손바닥으로 더듬어본다
몸 구석구석을 한 바퀴 돈 후 떠올랐다가
생각 뒤편에서 소진될 한 줌의 생명수

암흑 속 지구는 껍데기 없는 알 같고
혈관 떠도는 한 방울 나의 맥은 영롱한 구슬이다

무한대를 돌고 돌아
나만의 나를 뱉어내는 뜨끈한 물주머니

이게 꿈 아니면 뭐겠어

내가 아는 나와
내가 모르는 나

아, 제발! 오후 세 시의 나팔꽃이 소리친다
그럼 그럼, 우산은 살을 하나씩 꺾는다

둘이 만나면
비바람이야 무지개야

네가 처음이라고 속삭일 거면
모두 그냥 내버려두는 게 좋다

구름에 총을 쏘고
나비를 날려 보내

한자리에 붙박여 있는
사냥꾼은 없지

새까만 총구를 들여다보며
사냥감을 길들여 보겠다는 생각은
익어가는 감보다 검푸른 녹음에 가깝다

양립을 바란다면 순교를 택해야지

둘 사이를 가로지르는 별자리가 있다면
성지 순례 길이 하나 더 늘어난 것

구불구불한 길은 열림을 향한다
길게 곧은 총구도 늘 열려 있다

알게 모르게
총구는 가지런히

온종일 돌이기만 한 돌

부리에 쪼이는 대로 무늬는 돌 깊숙이 침투한다
돌은 무늬에 관여하지도 돌보지도 않는다

돌은 온종일 돌이기만 한 돌과 그렇지 않은 돌로 나뉜다
무늬는 돌의 일부로서 때로는 돌을 대표하기도 한다

온종일 돌이기만 한 돌이 슬프면
그렇지 않은 돌도 슬프다
슬픔은 무늬에 안겨 춤춘다

돌 안으로 빗물이나 균열 같은
외부 세계가 들어올 때 변화된
무늬가 돌 깊은 속에 알을 낳을 때

그렇지 않은 돌은 온종일 돌이기만 한 돌에서 분리된다

커다란 소리의 포자를 물고 새가 날아오른다

새는 돌의 파편을 빗겨 난다

여러 세계의 파편인 나는 깨짐으로써 돌을 복제하는 원석

온종일 돌이기만 한 돌은 고요히 있는 나를
거듭 깨뜨리며 어디선가 새를 가져와 품는다

고양이는 모르는 삼각형의 공식

참새를 잡아다 놓고 칭찬을 기다리는 고양이
날개 없는 것이 날개 있는 것을 잡다니
고양이 배 위에 햇살을 한 줌 뿌려준다

나는 참새나 그의 먹이엔 관심 없다~옹
그래 그래

종종을 마친 참새가 마당을 차고 오르는 순간
딱 한 뼘 먼저 날아 앞을 가로막고
선을 넘어설 때의 현기증을 즐기는 거지

마당이라는 상황에는 무수한 삼각형이 잠재해 있지
참새와 고양이가 그중 하나에 말려든 것

충돌하는 두 사물의 각도는 임의적이며
변의 길이는 포도를 익히는 가을볕의 고뇌와 관련이
있다

예의 주시하고 있던, 이를테면 고양이라는 한 사물이
온몸을 하나의 선에 바쳐
참새가 뜬 각의 정곡을 자를 때 만들어지는

세모꼴의 변수를 개괄하자면:
참새와 고양이에서는 이등변삼각형이 생겨나지 않는다
이등변삼각형은 같은 먹이를 앞에 두고 기도하는 손에서만 발생하며
꼭지각은 실눈 뜬 사람의 머리를 수직 이등분한다

부테스

손에서 연필이 사라지고 멀쩡하던 책상이 싱크홀 되어 구멍에 얼굴 들이밀던 그녀 바다에서 허우적대다

부테~스!

자신도 모르게 한 이름을 삼켰다
세이렌의 노랫소리에 홀려 바다로 몸을 던진 부테스
오르페우스의 음악을 거부하고 아프로디테의 거품에서 익사한 부테스

그녀의 행방은 아무도 모른다. 실존했었는지 피를 썼는지 물을 썼는지에 대해서도 아는 사람이 없다. 대기에 속한 바람처럼 부재에 거주하게 되었다는 사실만 명백할 뿐

부재는 실재계의 아웃사이더

그녀의 올가미 혹은 올가미에 걸린

공허의 한 모가지나 줄 없는 키타라

부재와 실재는 파도를 겨눈 수평선을 공유하고 있다
현실은 부재를 제거하는 해류를 지지한다

다이빙 순간에만 치솟는 희열은
실재와 부재를 연결하는 음악
어디든 서슴없이 뛰어내린다
알몸을 빨아들인다
파멸만이 그 음악을 듣는다

벌써부터 수평선은 노래하고
파도는 배를 갈랐다
흩어진 내장에서 해가 솟는다

음악은 넘치고 국자는 뒤집어져

주워 담을 수 없어서
각기 다른 장소를 향해 가고 있어서

음악과 국자는 소통의 가능성이 넓어진다

우산과 발걸음은
빗소리로만 소통하다
빗소리 밖에서 분열한다

우산과 발걸음은
처음 출발한 곳으로 되돌아갈 수 있다
비의 동의를 얻는다면:

넘쳐버린 음악과 뒤집어진 국자는
어느 곳으로도 되돌아갈 수 없다
공간이 전격적으로 물러선다 해도:

소통은 그런 것

백지와 같은 타종, 균열에서 시작되는 종소리
그릇에 담기지 않는 울림

꽃을 버린 석류가 몸을 열어젖히고 하늘을 맛본다
나는 석류의 표정을 새콤 엿본다

유리병으로 옮겨가며 줄줄 거꾸로 매달리는
국자의 노력, 그런 영혼

3부

어린 이방인

마음 없이 뛰다 고목 아래 선다

나와 나무의 거리
몸과 마음의 거리
한 묶음 두 묶음

흠뻑 젖은 어린 나무
뽑아 들고 빗길을 걷는다

차츰 그는 시들고 멈춰선 나는
한 사람의 뿌리가 되었다

뿌리 한쪽을 떼어 어린 나무 자리에 심는다

나무의 말과 사람의 말이 같아지는 때
바람은 시멘트에 찍힌 발자국 같은
혀만 잔뜩 심어놓고 지나친다

어느 날 누가 말의 기운을 솎아냈다
삼 일 낮밤을 비가 멈추지 않았다
말의 홍수가 나고 온 귀가 펄럭였다

빛의 칼날에 귀가 잘리고
말에 피 흘리는 세상에도
사람들은 먹고 마시고 웃었다

어린 이방인

비 내릴 때마다 잠깐
태양의 얼굴을 하는

투명 종

산 정상에서 주운 바스락과
투명으로 빚은 종을
창가에 매달았다

소리가 나지 않아
하늘 바라고 앉아
콧노래를 불렀다

귀에 담기는 음이 아니다

터진 바람의 길목에서
휘파람을 크게 불어넣었다

제 마음 하나씩 갖고 나온
동그라미들이 종 벽을 훑고
치며 아래로 흘러내렸다

심장이 두근거렸다

적도처럼 얼굴 중앙을 가로지른
거미줄에 방울이 매달렸다

방울 하나하나 터지는 소리에 종이
흔들렸다 떠밀리며 바람이 울었다

이 세상 음이 아니었으나

다시 흩어져
불가능이 될 때까지

관찰자

혼자인 방에 혼자인 적 없다
나를 뺀 모두와 함께

한 사람의 너를 보내고
열의 백의 너를 다 떠나보내고

남은 걸 얼른 주우리 그때까지
어둠이 씌워준 가면을 벗지 않으리
가면에 두 손바닥을 포개리
검푸른 기운이 스민 다른 얼굴이 보일 때까지

아직 나에게 전달되지 않은 나와
오지 않을 아침마저 손을 놓으리

나를 전해주는 알 듯 모를 듯한 관찰자는 아마
어둠의 가면을 두르고 있던 얼굴과 일치하겠지

깨진 백열등 가루 속에서 어둠을 밀어내던 것보다 더

반짝이는 빛
  깨진 내 가루 속에서 온전할 때보다 더 선명하게 비칠
그 어떤 빛

  어둠의 가면은 남아돌지 않았다

  겹쳐 있는 모두를 하나하나 걷어내면
  남는 건 아무것도 없다고?

  유리를 관통하는 두터운 실루엣
  그마저 벗겨내라 하는 관찰자

초저녁잠

초저녁잠은 내 잠이 아니다
저녁과 자릴 바꿔 잠깐 나를 떠나 있는 거다

뚜껑 바뀐 솥과 냄비처럼 입구가 같은 순간
아무도 불편하지 않게
실종하기 좋은 순간

입구가 같아서
까딱하면 저녁 비에 갇힌다

손에 집히는 아무것으로 나를 닫는다
잘 맞는 통로면서
삐걱거리는 바깥이다

주위를 둘러보니
모두 제 뚜껑을 갖고 있지 않았다
가장 가까이 있는 것들과 서로 부딪치며 깨지다
사금파리 같은 조각을 주워 자기 것으로 삼았다

사기장인 같았다
세상 어디에서도 찾아볼 수 없는 얼굴 어음을 만들었다
유통할 수 없는 가치

초저녁잠은 나와의 약속이 어긋나
잠깐 죽어 있겠다고 손바닥에 쓴 유서다

밤을 통과하기 위해
아직 갚지 못한 얼굴을 가끔 문지른다

어둠

한 겹 열고 나아가면
더 어두운 두 겹

어둠의 악보로 서서 들리지 않는 노래를 받아 적는다

목을 감고 떨어지지 않는 젖은 머리칼의 느낌

관 속에서 부패한 암흑
검은 나를 들여다보는 항아리

텅 빈 들판을 헤매는 텅 빈 하늘
벼리 없는 그물이 잠겨 있는 심해

진땀처럼 흘러내려
녹슨 철문처럼 뻑뻑해
늪처럼 발이 빠져

자정 가까운 정원에서 코를

툭 치고 빠지는 검은 나방은 어디서 왔어

침묵 속에 놓인 나 한 점이
너의 어둠이라고?

내 코밑 숨은 깊고 버려진
어린 생명의 주먹 쥔 손바닥이 제일 까맣다고?

아, 우린 피차 검고
마주한 채 등지고 있구나

빛

보이는 것은 다 알고 있다는 착시가 눈부시다

낟알의 솜털
날리는 사암 가루

그림자를 모으면 빛의 부엌에 초대된 기분
눈앞의 것은 빛이 아닌 빛에 드러난 검은 물질들

물속에 침투한 빛은
수중생물을 깨운다

고도에서 풀어지는 빛의 꽃다발
어둠의 수사보단 넘나듦 포용
스며듦 뫼비우스의 띠 같은 말들

유리 가루에서 떨어지는
빛의 진액에 눈이 먼다

물방울을 다리에 달고 다니는 사막지네
눈먼 빛을 골라 줄을 치는 낙타거미
태양을 질문하다 녹아 버린 은개미

얼룩무늬 안에서 착시를 지키는 샌드피시

빛의 무덤인 사막에서
햇볕에 타 죽은 생물들은
빛의 행성으로 떠다닌다

모래에 빠져 목만 내민 사람 앞으로 뱀이 다가가고 있다

은총 곤충 그리고 닙

은총과 곤충에는 심이 있다
날카롭진 않으나 깊고 아픈

닙

심과 닙이라는 말 썩 잘 어울리진 않지만
둘을 나란히 발음하면 어떤 불꽃이 인다

땅속 암흑을 지르는 삽날처럼

은총 곤충 닙
끝에선 여러 성향의 물질이 흘러나온다

달고 쓰고 시고 얼얼한 느낌을 모두 갖고 있다

부드러운 밧줄이 되거나
견고한 문장이 되거나

세워둔 닙을 통해 지하로 스민 물질은
주로 십자가 책 지도 거미줄이 된다

유리처럼 투명하고 쇳조각처럼 차갑고 단단한 죄를 만
들어 내기도 한다
악마도 신도 조작할 수 있다

심 촉 닙

서로 등을 진 채
사색에 잠긴 삼면불상이다

같은 듯 다르다

나무와의 삼각 편대

삼각 편대의 나무숲 한가운데 마음을 심는다

난 바람 넌 나무
이파리의 질감은 수평

의자에 앉는다
넌 자라고 있구나 난 줄어들고 있는데

나무는 수직을 분산시키는 힘으로 새를 잉태한다
와르르 새를 쏟을 수만 있으면 나무다

저토록 오래 모은 기다림은 몇 톤이나 될까

나무만 알아주면 되는 삶, 그런 생은 없다
죽은 후 '그렇게 살고 싶었다'가 남는다

죽음에 기꺼이 팔을 내주고 관을 짜주는 나무

자작의 신록 이파리 같은 목소리
모리타 도지[森田童子]는 기타 위에 영혼 하나 달랑 얹었다
죽음을 부르는 노래, 너무 오래 들어
돌아서다 그만 스카프에 목을 줄 뻔했다

잘 마른 기억을 부러뜨려 입에 문다
딱새가 흘러나왔다 나이테가 부스러진다

새를 사랑하면 어떻게든 부리에 긁힌다
나무 이름으로 여러 번 문지르면
나에 맞는 깊숙한 의자가 된다

새벽의 새벽

어둠이 자기 모서리를 뭉개는 자리에서 내가 생겨났다
윤곽을 흐리며 하찮게

어둠의 쌍둥이 자소상

투구 같은 새카만 몸으로 어슬렁거리는 벌레를 따라 어둠의 고랑이 파였다

비에 씻기는 시간의 수은빛 가루가 빛보다 부시게 눈을 자극한다

자동차 바퀴에 깔리는 모래알들과 지붕에 떨어지는 빗줄기가 뒤섞이는 소리에

분열되는 내 안에서
아침 해가 떴다, 아침 해는
모서리들의 열망

서쪽에서만 보이는 환각
환각 없이 지나지 못하는 통점, 비린내
모든 죽음의 승화

그것들은 아침에 가장 근접한 이미지
일어서는 기쁨의 절망

가장 읽기 좋은 상태에 놓인 파릇한 이파리들이
분열된 한쪽의 나와 완전 일치하는 시각

나와의 연애가 시작되는 위치에서
내가 제외된

철저한 바깥

그럼 안쪽은 어딘가라는 물음을
뱉어내는 아침 새
부리 안의 노란 혀

나뭇가지에 새가 앉았다는 말을 통째로 떼어
무너진 담벼락을 세우는 새벽의 새벽

난쟁이 멀리 던지기

 난쟁이 멀리 던지기에서 존엄성의 주체는 난쟁이
 밥상 멀리 던지기에서 존엄성의 주체는 밥상

 난쟁이 멀리 던지기에서 난쟁이는 던져지기를 바랐으므로 놀이가 될 수 있다
 밥상 멀리 던지기에서 밥상은 던져짐조차 알지 못하므로 놀이가 될 수 없다

 난쟁이 멀리 던지기에서 난쟁이는 던져지는 거리에 관여하지만
 밥상 멀리 던지기에서 밥상은 거리나 높이에 대한 개념이 없다

 난쟁이가 잘못 던져지면 난쟁이의 일생이 박살 난다
 밥상이 잘못 던져지면 밥상 차린 이 일생이 악살 난다

 위태와 폭력으로 더해지는 존재감에 하트 날리는 게 관전 포인트

관점을 달리해도 던짐과 던져짐의 입장이 바뀌지 않는 것이 놀이의 특징

 난쟁이 멀리 던지기 놀이는 존엄성 문제로 재판에 오른 적 있다
 [난쟁이의 생계 수단에 대한 논의는 없었다]

 공포를 먹어 치우기 위해 난쟁이는 더 작아지는 몸에 대해 고심한다
 밥상이 쟁반으로 교체되거나 식탁으로 고정되면 던져짐이 더 세진다

 인생의 소비성을 고려해 삼시 세끼를 우대해야 한다거나
 (굶어 죽더라도) 난쟁이를 제 집으로 보내라 외친다거나

 이러나저러나 딸그락 내려놓는 숟가락 이야기는 밥상 위에서
 최상의 꽃을 피우지만 환상은 부서진 밥상에서 자생

한다거나

랩

눈[雪]도 마스크를 하고 있어
그의 입가를 살필 수가 없다

입과 눈이 서로를 조롱에 매달아도
남의 것을 갖다 붙여도 아무도 모른다

물고기는 비늘을
붉은 불씨를
알 수 없다

랩 안에 잠깐이라는 투명한 새
저 새의 날갯짓을 누가 믿을까

비밀에 부쳐진
눈이 출발한 첫 장소가
저 투명한 새일지도 모르는

눈과 입의 불일치처럼

눈[雪]과 투명한 새의 자연스러운 일치!

어떤 사물은
모든 처음의 장소를 다 모아
한 번에 불태우려고 세상에 내린다

랩을 걷어내고 돌아보니 바깥은 폭설
메마른 폭우라 해도 좋은

천공

깻잎 구멍 맛있다 벌레가 지은 파란 하늘

구름 한 점 씹다 번갯불 터지는 아린 맛

찢어지게 입 벌려도 구멍이 차지 않는다
넘치는 구멍은 심장에서 소용돌이를 일으킨다

피가 놀라고 내장 기관이 천둥 치는 우르르
쾅쾅 사이 위풍당당 애벌레 소굴

애벌레의 치명은 쉴 새 없이 들이닥치는 미래

나무에게 크라운 샤이니스*가 있다면 구멍에겐 애벌레가 있다

깜깜한 길에선 살을 줄이고 피에 주력한다
살 길 있다면 두말 않고 눈알마저 파낸다

폭풍우 몰아치는 밤

공중에서 뭔가 주르륵 흘러내린다
나무 꼭대기의 새집이 뚝 떨어진다

정수리와 발바닥의 천공이 열렸다

꼭대기 아가리에서 맨 아래 괄약근까지
끊기지 않게 당기는 탄성이 극에 달한다

---

* 크라운 샤이니스(crown shyness): 나뭇가지가 서로 맞닿지 않고 간격을 두고 자라는 수관(樹冠) 기피 현상. 위에서 보면 왕관을 닮아 붙여진 명칭.

개의 꼬리를 물고

방에 들어와 보니 입에 강아지풀이 물려 있다

까만 자궁에 내려앉은 불씨처럼
몸에 개 꼬리가 심겨졌다

진정한 개가 되려는 개와
진정한 인간이 되려는 인간은
안개에 가려진 검은 나무와
안개에 가려진 강물의 차이

어느 날 일어나 보니 정수리에
새싹처럼 뿔이 돋았다

신화 속 괴물들에게서 인간을 떼어내려다
손바닥에서 너무 많은 핏물이 흘러내렸다

자기만의 개를 지키기 위해 목줄의
반경을 팽팽하게 짖는 개의 얼굴과

개를 내 속에 풀어 놓고서야
인간일 수 있는 나의 얼굴이

합쳐졌다

풀어진 목줄을 달고도 멀리 뛰지 않았다
우린 같은 목줄에 묶여 있었다

개를 잃은 개와 인간을 잃은
인간이 서로를 향해 사납게 짖고 있다

사슴벌레

사슴과 벌레를 반으로 나누어 봅시다
나비만이 바람이 숨는 장소를 알고 있다는 생각이 드는군요
애잔이라는 말은 나뭇잎 뒤에 매달려 비를 피하는 나비의 근육
나는 물까치 꼬리의 청회색에 숨어듭니다

사슴과 벌레를 바꿔 봅니다, 벌레사슴
이름이 필요한 건 사람밖에 없지 않나요
벌레도 사슴도 벌레사슴을 종이처럼 구겨 버릴 거예요

사슴벌레는 벽을 움켜쥔 껌처럼 단단합니다
하마터면 밟을 뻔, 붙잡아 사진 몇 장 찍고
멀리 가라고 꽁무니 밀었더니 집게를 쫙~
자기 살아 있다고 내 손가락 잘라 지팡이로나 쓰겠다고

벌레는 사슴 될 생각 없이 알을 많이 낳습니다
사람은 사람 될 생각에 사람을 많이 낳지 않습니다

생명에 대해 생각할 때 어둠이 떠오르는 건 태양의 암시
태양목의 바람과인 사람의 열매를 소홀히하니 말이에요

그만 사슴도 벌레도 다 치워버립니다
인간은 있을 수 있는 식물 아닌가요
벌레는 있을 수 있는 인간, 벌레에 굶주린 인간
인간에 굶주린 벌레도 있습니다

와, 있을 수 있는 것들의 천태만상
그곳에 사슴벌레 인간을 처박아 버립시다

신발 귀신

풀었다 조였다 발목이 헐거워져
신발을 포기했다

쏜살같이 앞서가 시니컬하게 뒤를 돌아보면
이 세상을 뛰어넘었다는 걸 대번에 알아본다

발목보다 목을 자르는 게 쉽다

하나의 칼
단두대같이 잘 벼린 하나의
구멍이 더 신성하다

태양 주위에 늘 같은 구멍만 뚫는
지구를 봐 어둠이 아무리 틀어막아도
자율적으로 태양에 불려가는 모습을

누군가 빈약한 발목을 휙 내던질 때
신발을 얼른 갈아 신어야 한다

귀신은 체온이 없으니
차갑거나 따뜻한 건 아무나의 몫

발목과 목을 변주하는 곳이
사람과 귀신의 길이 갈리는 지점이다

일생에 몇 번 모자와 신발을 바꾸어
보는 것은 사람으로서 사람으로써

귀신과 신발 사이에 빗장을 여는 일

간지러운 독

한 언덕의 벌 나비와 파리 개미 떼들이
항아리 한 분 되시는 걸 지켜봅니다

어떤 뜻이 통했는지는 중요하지 않습니다
그간 접했던 수많은 별자리 짐승들과 어둠 눈비 번개 폭풍과도
독을 관리하는 주인장과도 아무 관련 없는 일입니다

그 순간 독은 다닥다닥 들러붙은
곤충들의 간지러운 표현에 지나지 않습니다

수십 개 독 그중에 딱 한 분
온몸이 숨구멍 되신

세상 그 어느 꽃보다 향그럽고 다디단

누드 중에 누드
곡선 중에 곡선

눈코입 다 뭉갠

이를테면 항아리의 관념을 초월한 만다라 한 장이란 말입죠
어쩌면 논란을 부추기는 풍속화 한 점일 수도 있어요

도대체 속에 무얼 품고 있는지 궁금했지만
누구에게도 묻지 않기로 했어요

과거에 사로잡히지 않는 단지 한 개의
숨 쉬는 자유라는 달항아리이므로

뚜껑 열어 확인해 본들 벌 나비의 시절 다 가버리고
증인은 나 하나뿐

잘못하면 나만 바보 되는 거 잠깐이란 말입죠

4부

이토록 다정한

뒤통수에 자꾸 손이 가 저를
쓰다듬는 손길이 이토록 다정해요

곧 추위가 닥칠 텐데
저 밭에 무슨 모종일까요

목숨은 파릇해도 솎아낼
운명 같은 건 있기 마련이에요

뽑히지도 다시 심기도 어렵게
딱딱해진 내 생각의 모종

독초 아니니 그냥 가꾸기로 해요
안개 속에서 언덕을 넘고
혼잣말 메아리에 깊게 귀 기울여보기로 해요

경계 쌓고 구분 짓고 골짜기 따위
부질없잖아 무성한 잡풀들 적당히 쳐내고

쓸 만한 목소리 한 줌만 꿀꺽 삼켜요

구름을 제대로 쏟지 못한 소나기였어

등받이에 얼룩진 먼 산 뜬구름 좀 봐

멀리 가보진 않았지만 발자국은 밭의 소유
구덩이를 만들어야 흔적 지울 수 있어서

깊은 거기 콱 묻고 싶었던 내 몸만 한 짐승

지금 뒤통수를 쓰다듬는 손길이 바로 그 녀석

긴 그림자에 침을 섞어

장밋빛 손가락으로 반쪽 어둠을 타는 달님
그림자 한 잔 어때요?

달이 흘린 그림자가 발효되어 밤이 깊어진다는 전설
향에 취해 맨 처음 쓰러진 이는 아마 노아, 잠시드, 길가메시, 하렘의 여인, 디오니소스

서랍을 열고 그림자를 깨워
와인 가져가도 될까

나를 마시지 그래

달님, 디오니소스의 하품이라도 한 모금 내어주오

소금과 돌가루를 조금 넣어 마시면 영혼이 맑아진다는 미신
(내 침을 섞어 마실 때가 더 많지)

그림자 안에 포도나무를 키우는 누드의 바쿠스
포도 덩굴 주렁주렁 휘감은 어둠을 경작하는
성 베네딕투스 방앗간의 나무 도구들

봉쇄를 벗어날 생각조차 없는
그림자들의 늦저녁

꽃물에 발을 담그고 곰곰 젖는다
그림자의 굳은살을 긁어줘야겠다, 뜨거운 물도 공유하고 잠자리가 어딘지도 알아두고
술도 좀 먹이자

마스크 이후 도도해진 눈썹의 숱도 좀 쳐줘야지

센티멘털 윈도

주방 창문으로 바깥을 보면 왜 그리 슬퍼
방황하는 눈 비 바람, 구름·먼지가 서로 맴돌아

주방 창문은 뒤쪽에 있지 작지 그늘졌지

매운 파가 눈물로 그린 벽화는 마늘이 내다 팔지
그렇게 번 상념으로 센티멘털은 살을 찌우지

문밖은 방위에 잡히지 않는 태허
온도 없는 행성을 떠도는 바람 결

태초부터 지금까지 그렇게 많이 노래했어도 못 다 부른 음이 남아 있고
태초부터 지금까지 그렇게 많이 썼어도 다 못 쓴 문자가 살아 파닥이니

차오르는 기쁨으로 공허를 다듬어
보글보글 끓이지 넘쳐나는 시간

불 조절 까딱 잘못하면 가맣게 졸아드는 햇빛

순간순간을 잘못 먹어왔다는 생각에 체하면
마지막에 꽂힌 숟가락이 튀어나와 가슴을 치지

모든 것이 소멸의 둘레를 돈다 생각하면 순해지는 우주
센티멘털과 함께 나는 소멸을 윤회한다

소멸 다음은 침묵 그다음은 짜디짠 혓바닥

인생 최고의 간잽이, 러빙 센티멘털!

그러니까

지금 확 태워버릴랑게

영감이 둑방의 건초 한 줌 집더니 라이터를 꺼내 불을 일으킨다

하나 없다가도 불에서 바람이 생겨부러

성급히 일어나는 불의 날개를
영감은 장화 신은 발로 짓뭉갰다

영감이 만든 하나 없다가도 불에서 생겨부린 바람은
건들거리는 불의 주둥이에 앞장서 사방을 핥아먹을 듯 혀를 놀렸다

그러니까 쥐뿔도 없다가 불기둥 타고 공중을 맛본 바람은
꽃 같은 마음이 불같은 마음에 갈마드는 시름과 번뇌

씨알도 없다가 어느 순간 확 몸을 지르는 피는 그러니
까
 숯덩이가 되기 전엔
 서로 몸이 바뀌기 전엔 멈출 수 없는 광기

 불을 만나 피에 바람 돌고
 바람 만나 살갗 트는 마음

 사라지기 위해 태어난 섶다리는 그만두고
 의지가지없이 새까매진 둑방
 삭풍 호풍 추스르는

 인간, 그러니까

안데스의 바람

안데스를 넘어다니며 피리 부는 사내를 만났다
펼친 양 날개가 키를 넘는 콘도르가 실려 왔다

콘도르의 호흡을 받아 마시며
나도 바람의 태생인 걸 어렴풋이 느꼈다

몸을 오려낸 스카프 한 장이 슬며시 사내 심장으로 들어가 우리 이어져 서로 당겼다

콘도르가 공중에 띄워놓은 가볍고 긴 영혼을 따라
사내는 자취를 감추고 그가 남긴 케나를 불며

콘도르의 깃털 모자를 쓰고
콘도르의 꽁지를 등에 붙이고
팔다리를 털어내며 춤을 추다
마주 보면 늘어나는 리듬이 되었다

사내를 만난 계곡에서

물이 되어 사내 위를 흘렀다

긴 삼뽀냐에서 낮고 굵은 바람의 새끼가 나왔다
어미 없이 태어난 야생, 최초의 방랑, 멀리, 굽이굽이 설산

몸속에 넣어둔 바람을
바람이라 부르지 못하는 나를
사내가 잘 저어주었다

큰 바람을 밴 나는 샴뽀나에
안개를 불어넣고 갈앉은 운명을 흔들었다

너와 나는 찰나야 냄새야
자취나 증거는 없어

우리 발 디딘 곳은 사막의 정상

단면으로 충분한 경사각
거기서 펼쳐져 무너져 흩어져

달빛 스카프

방바닥에 떨어져 있는 노란 수건으로 물기를 닦는다

닦을수록 더 젖는다

일곱 개의 손가락이 있는 자화상이
희미해진 자수처럼 어른거린다

다섯 개의 나머지
두 손가락이 당초문처럼 길게 자라 창문을 넘어간다

누우를 건너는 데 매번 실패하는 열대 강물처럼
달빛이 아프다

달빛을 집어 명치를 문지른다
녹아 없어진 가슴에
보름달

늑대가 온다

중앙아시아의 한 사내
 늑대 새끼를 잡아다 오줌보를 묶는다
 오줌을 누지 못해 괴로운 새끼의 울음소리를 듣고 늑
대가 집을 떠난다

 달을 덮는 먹구름
 바닥에 스며 있던 물기가 차올라 내를 이룬다

 엎어진 내 몸이 가라앉는다
 달이 먹구름을 뒤집는다

 그의 방에 노란 수건 한 장 떨어뜨렸는데
 그는 모자만 가지고 백야의 나라로 떠났다

 먹구름의 검정 스카프 한 장
 내 뒷면이 다 젖어 녹아내린다

반쪽의 몸이 보름달에 스며
시간의 뒤편이 된다

남은 시간은 두루마리 그림처럼 말려 있다

반신반의

나란히 놓인 거울에 비춰 보면
반은 얼굴이 없고 반은 다리가 없다

거울과 거울 사이를 벌리면
눈코입이 반으로 나뉜 괴물체

꿈과 삶 사이를 벌리면 다리는 한 짝에
어디에 가 붙을지 갈피 못 잡는 눈코입

여자를 상자에 담아 뱅뱅 잘라내는 마술사처럼
칼을 숨긴 거울과 거울 사이는 허방의 탄생지

내가 아니라고 할 수 없는 이 생은 저 생의 반신반의
죽어 다시 시작할 수 없는 저 생은 이 생의 반신반의

마음 저려 잠에서 깨는 날은
거울 밖으로 꿈을 던져버렸거나
다른 몸을 찾아 멀리 떠났거나

남의 다리가 아닌지 방 한 바퀴
빙 돌다 제자리에 다시 붙을 때

몇 갠지 모르는 거울끼리 딱 맞은 것
개체 사이 거리가 너무 멀면 절멸

내 반신반의에서 너의 반신반의까지만

구름의 숟가락

 타지에서 숟가락 하나씩 가져오는 게 버릇인 구름이 있었어
 새로 사귄 구름에게는 젓가락을 하나씩 꽂아 주었지

 기계를 가지고 노는 구름의 아버지
 시계는 온통 벽을 매달고 있었지

 정각이 되면 괘종시계들은 각기 다른 음으로 시간을 도배했어
 달라이라마의 취미는 구름 수선하기
 디지털시계는 고장 나면 끝이란다

 구름을 눈물판 단행본으로 엮은 엄마는 들춰보지 않아도 된다

 미완성 유작이 많아 출판인들의 머리를 먹구름으로 채운 시인도 있지
 이름의 진정한 지성을 찾아

일흔다섯 개도 넘는 이명의 구름을 쏘아 올린 페소아

　아흔아홉의 이름을 갖고도 언제나 무명씨인 구름을 번역한 대가

　구름, 하고 말하면 흐릿해지는 구름
　원하는 게 뭐야 물으면 녹아버리는 구름

　구름의 시를 누가 듣나 귀를 활짝 여는데
　안에서 누군가의 거친 숨소리

　숟가락을 꺼내면 귀가 구름만 해지고

다 같이 어는 걸로

느슨하거나 조밀하거나 냉동실에 들어가면
공평해진다 다 같이 어는 걸로

아는 사람끼리만 아는 암호 같은 수분과
보이지 않는 잉크로 써도 보이는
거짓말도 꽁꽁 얼었다가 다 녹아 나가고

현재의 사운드 트랙만 남아 후들거리는 고사리
팔다리는 팔다리로 피는 다시 갈아 넣는 것으로

하늘은 아무도 본 적 없는 천장이 있다고
천둥으로 드르륵 드륵 긁어 만천하에 알린다

헛된 상념의 길이라도 걸어야 할 것 같은데

때마침 광풍 몰아치니 잠을 하얗게 색칠해야지
시시포스의 돌도 신의 것이 아니라 시시포스의 것

슬픈 피보단 무서운 뼈가 낫다

슬픔은 온밤을 소비하고도 지치지 않는 체력으로
새벽녘 태양광 등에 불을 붙이고
그 빛 속에 들어 다시 또 충전된다

전원을 넣으면 허겁지겁 굉음을 삼키는 냉동실
오늘 밤 소란한 저 하늘과 동급이다

동시 독서

1책에서 풀을 뜯던 노인 3책의 징검다리에서 빠져 죽은 후 5책의 엄마 품에서 하품하는 아기로 태어나

2책의 어떤 페이지 모서리 접혔던 흔적은 이 생인지 저 생인지 확실하지 않고, 손끝 진실과 손톱의 거짓은 늘 겉돌고

正자 속 미로를 보기 위해 제목도 들어본 적 없는 6책을 빼 오다 지문에 6책을 밀어넣는데

고양이 우네, 고양이 아닐지도 모르는 강아지의 닭 울음소리의 폭포의 하얀 벼슬

5책에서 불구 된 나와 6책의 허수아비 나와 3책의 칼잡이인 나와 1, 2, 4책을 드나드느라 머리가 셋인 샴쌍둥이 이마 부딪치는 이야기로 시작되는 9책을 보면서

10책의 나무 꼭대기가 새로 낸 창문이 열리나 닫히나

거기 얼비치는 너인가 나인가 살펴보던 뱀 한 마리

책보다 많아지는 나를 위한 서고 짜느라 혀가 늘어지네

물의 나이테

내 몸이 내 것이 아님을
관망하는 유리컵

한 모금씩 줄어든
물의 테두리를 그려놓는다

불 켜진 방 안처럼 들여다보이던
찻물 위 연꽃 송이는
날개 다 펼친 채 죽어 있다

들릴 듯 말 듯 입술을 대보는
가느다란 동심원들

한 층 한 층 밟고 내려가면
시간의 바닥이 밟힌다

발소리에 놀라 동그랗게
몸을 마는 고요

기점이자 종점의 바닥을
조용히 짖는다

말을 아끼는 수다쟁이

저녁 햇살이 피와 뼈를 빼갔어요

빈 껍질의 사람이 무너지지도 않고
다른 사람으로 속을 채우려고 애를 씁니다

비유나 상징의 뼈대 세우려는 거 아닙니다

아니 사람이 항상 뼈와 살 모두 갖춘 채
반듯하게 있어야 한다고 누가 정의라도 내렸습니까

살과 뼈를 되찾은 후에도 해의 껍데기 안에서
반듯한 사람에 대한 생각을 뒤집어쓰고는

눈사람은 제자리 뛰기도 못하고
뼈와 살 심지어 뇌와 피까지 모두 같으니
껍데기는 나한테 참 잘 어울린다는 생각이

누수처럼 새 나와 입을 꾹 다문 난 수다쟁이로서

미소로 불안을 물들인 살결을 아낍니다 그래야
근본 있는 껍데기라도 될 거 아니겠어요

저녁 길에는 뭔가 흘리는 것 같아 뒤를 자주
돌아봅니다 죽은 사람을 분실하고 나아가는

내 몸은 분실물 보관함

그마저 얼른 버려야겠어요 누군가
충실한 신고자 역할을 해치우게

배시시 옳다는 거

뒤늦게 온 제자를 위해 붓다는 수의를 풀고 발가락을 내보였다

정해진 쪽으로 기우는 마음을
분갈이하는 건 손의 일

손발 떼어 알지 못할 시스템 속에 내던진다

그래서 어느 쪽이 옳고 당신은 어느 쪽을 지지하는데

옳은 건 손이야 발이야
불타지 않는 장작인가 그건

발가락을 보인 후 장작에 불이 붙어 부처는 타올랐다˚

웃기지 말도 안 되지
근데 인간의 옳고 그름은 백만 배 더 웃기잖아

윤기 흐르는 논리와 계산하기 좋은 텍스트만 밭쳐내는 성긴 채반이잖아

 옳지 않아 미쳐 썩고
 옳지 않아 미쳐 짖고
 옳지 않아 미쳐 쓰레기가 된 것들 위에 풀포기

 초록 줄기 끝에 이빨 빠진 꽃송이 배시시 입 벌리고 웃는다

 죽은 조개껍데기가 쥐고 있는 나비 한 마리
 파도가 덮을 땐 파도 거품만큼 일어난다

* 불경에서.

황금주발 쨍그랑

꿈속에서 꿈을 들여다보는 액자형 꿈은 서로 부딪치지 않는다

액자와 액자 사이를 흐르는 또 다른 꿈
보이는 순간 삶이 깨지겠지 쨍그랑 소리도 없이

꿈이 보기엔 내가 가짜
내가 보기엔 꿈이 가짜

꿈과 삶 사이 무의식의 해자로
황금주발이 떠다닌다 해도

붓다여
쨍그랑 소리를 책 속에서나 받아 들고 있는 나입니다

내 속의 귀머거리는 내 말을 우물우물 씹어 삼켜요

붓다여

전생을 넘고 넘은 주발이 한곳에서 만나 쨍그랑 낳는 이유를

 왜 이곳에 왔니, 손등의 무당벌레도
 알아차리고 속날개 펼쳐 획 달아나는데 내가 그걸 모르겠어요?

 아둔한 강물 위 삐뚜름히 흐르는 나

 제 꼬리 문 채 똬리 틀고 있는 뱀을 바라보고 있다

---

*   황금주발은 강물을 역류해 상류로 거슬러 올라가 붓다 이전의 세 과거불이 똑같은 상황에서 집어 던진 세 개의 주발과 부딪치며 쨍그랑 소리를 냈다. ─『붓다 꺼지지 않는 등불』.

햇볕 냄새

빨랫줄에 매달린 옷가지와 수건의 새 떼

방 안으로 가져오면 파닥거리는 냄새의 깃털들

팔다리와 얼굴에 진탕 칠

군살 털어버린 알짜배기 햇볕
뙤약볕 미립자의 타투를 새긴다

속살의 지뢰밭
깃털의 판토마임

어느 살인자의 눈에 띄지 않은
성처녀 피부에 기름을 발라 긁어낸 체취

집단 난교에 이른 미증유의 증류법에
 신체 한 점 남기지 않고 먹어 치우는 게 향수*의 결말
이었지

훼손시킬 살점이 필요해

속살 드러내고 뼈까지 벗자
오후 세 시와 쨍쨍 난교하자

몸의 드럼을 쳐 베이스 탐탐 심벌을 울려
흐느낌 없는 흐느낌 주법으로 트랩스
어서 무너져 부지깽이 같은 중심 버리라고

* 파트리크 쥐스킨트의 소설 『향수』를 원작으로 한 영화.

마음

녹아내리던 비누가 마침 그믐달 닮아
누군가 심장을 바꿔치기했다 치자

심장 꺼내 손발 깨끗이 씻는 날을 섣달그믐이라 하자

섣달 그믐밤이 되면 쓸쓸해지는 이유가 무엇인지*
논하라는 임금의 논지를 받은 구름 비누가
자신을 녹여 향기로운 비를 대답으로 바쳤다 치자

바람이 제조한 구름 비누
처음 주물린 마음 그대로 떠가다 왜가리에 물려
석양까지 끌려간 사연이 서쪽 하늘을 어지럽혔다 하자

그래 마음은 내가 빚은 도둑이며
몸을 끌고 어디라도 갈 작정이다
세상에 존재하는 각양각색의 비누를 다 녹인 후라면
도둑에게 새 옷을 선물할 수 있겠나

불어터진 마음 한 조각에
잘못 보관해 작고 딱딱해진 몸 한 조각 얹어
한 밤 내 서로 주고받으며 다시 빚어진다면

가을비 오려나 앞자락 털며 그림자를 사양에
슬몃 밀어넣는 달빛 향을 싹 다 잊을 수 있겠나

---

* 1616년(광해군 8년)에 치러진 증광회시에서 광해군이 낸 책문.

달빛 주의보

 아차, 뒷걸음질 치고 나면 별꽃은 이미 목이 꺾인 후예요

 백도화 나무 곁에 하얀 고양이가 벌렁 누워요

 누구든 미꾸라지 몸매의 백도화 줄기를 달빛 아래 여인으로 만들지 않도록 주의해야겠어요

 서리 밟듯 사각거리는 하얀 백도화, 달빛을 예의 주시하세요
 허공에 투망질이에요 슬며시 꼬은 다리 쓰다듬어 풀어 놓는 일은

 가로등 없던 시절 아버지의 달빛 아래 그 여인 하 숨막혀

 새 부리에 찢겨
 실려 간 여인은 지금 어디에

음을 다하고 무음을 연주하는 피아노 건반
지나간 음들과 아직 태어나지 않은 음들은 낯선 세상에서 서로를 알아볼까요

산책 중에 몇 번은 몸을 구부려 앉게 되는데 우르르 달리던 트럭의 목재들이 썩은 동아줄을 끊고 뛰어내리네요

아차차, 혐오 테러 반목에 최선을 다한 사람들의
뒤늦은 산책에 깨어나는 지상의 꽃나무들

그중 백도화는 기다림이 목에 걸려 하얀 거품을 토해내다 고갤 들어보니 4월 보름 달빛 겨드랑이에 끼이어

이미 봤다면 뭐, 어쩔 수 없겠어요

잠자며 새끼를 분만하는 공주 입

가시가 쏟아져 나온다
말이 피 흘린다
교접과 오줌이 나란히 흐른다

하반신이 뱀이면 어떻고
송장을 밴 쐐기풀꽃이면 어떤가

땀으로 죽을 쑤어 먹고
고통으로 낫 만들어 잡풀 치고

높은 나뭇가지에 걸린 덩굴에는 어둠의 비행이 있다
난봉꾼의 닻줄 끝엔 여자의 추락이 걸려 있고

잠자는 공주에 몸을 집어넣은 길 잃은 사냥꾼아
너의 오줌 막대로 마음의 새 길을 뚫어라

풍기는 지린내 속에서 나비 꿈을 버린 춘란이 피고
가시 박힌 엄마 손가락을 무심히 빨아댄 아기 침의

자취를 따라 해가 지나가고 달이 흘러가리라

잠든 너를 보았다고 말하는 목소리를 찾아 나선다

가시에 매달려 피를 빨며 잠든 사람아
자는 동안엔 늙지 않는 피를 따라 어디든 흘러
흘러서 그 자취로 수평선 만들어 너를 걸어라

| 해설 |

있음과 없음, 혹은 존재의 근거와 양상
―이정란, 『나는 있다』의 시 세계

황치복(문학평론가)

1. 시적 진화의 양상

이정란 시인의 『이를테면 빗방울』(문예중앙, 2017) 이후 6년 만의 다섯 번째 시집이다. 1999년 월간 《심상》의 신인상을 통해 등단한 이후 이정란 시인의 시작 과정을 살펴보면 경이롭기 그지없다. 첫 번째와 두 번째 시집인 『어둠·흑백주가 있는 카페』와 『나무의 기억력』은 전통적인 시적 문법에 의지해서 외부의 사물과 풍경이 촉발하는 정동과 인식의 변화를 그렸다고 한다면 세 번째 시집인 『눈사람 라라』에서부터 어느 평론가의 명명대로 카타스트로피(catastrophe)와 같은 지각변동을 일으키며 의미의 세계에서 일탈해 콜라주와 몽타주에 의해 형성되는 이미지의 날카로운 충돌과 카오스의 질서를 향한 바 있다. 현상에서 촉발된 시인의 내적 정동의 세계를 그리는 전통적인 리얼

리즘적 작시술과 결별하고 반리얼리즘의 작시술로 향해서 의미화되지 않는 이미지의 충돌과 기표의 물질적 효과에 주목하면서 작품(work)이 아니라 텍스트(text)로서의 미학적 현대성을 추구한 셈이다.

그러니까 의미와 메시지의 시가 아니라 무질서한 세계의 풍경이라든가, 시적 주체에 의해 통제되는 어떤 코스모스의 정연한 세계가 아니라 카오스가 형성하는 어떤 무늬라든가 경향성 등을 시화하는 이러한 변모는 매우 놀라운 과정의 연속인데, 그만큼 한 시인의 시적 경향이 얼마나 다양하고 풍부해질 수 있는지를 실증해주고 있기 때문이다. 이번 시집에서 시인은 또 다른 비약을 감행하고 있는데, 이 시집의 1부와 2부에 실려 있는 시편들이 이에 해당한다. 이 시집의 3부와 4부의 시편들은 앞서 지적한 반-의미화의 경향으로서 새로운 감각에 의해 포착된 이질적인 이미지를 병치하거나 낯선 영역의 사물들을 충격적으로 결합시킴으로써 어떤 감각의 신선함과 정서적 효과를 끌어내려 하고 있다. 반면에 1부와 2부의 시들은 이미지의 변주라든가 진폭이 초기 시들에 비해 비교할 수 없을 정도로 변화무쌍하고 비약적이지만, 무매개적인 연상의 이미지들의 결합과 충돌에서 야기되는 감각적 새로움과 언어적 장치의 묘미를 벗어나서 세계의 구성과 자아의 형성 같은 철학적 사유를 향하고 있다.

그러니까 이번 시집의 변모는 작시술을 향한 방법론적

고민에서 벗어나 어떤 전언과 주제를 심화시키려는 경향으로 흐르고 있다는 점인데, 이러한 변화는 이른바 변증법적 지양(Aufhebung)의 과정으로 읽히기도 한다. 이를테면 그동안 이정란 시인의 시가 현실이 촉발하는 정서의 파동과 감각의 갱신에서 시인의 내적 현실의 출렁임과 리비도를 그려내는 환영의 시학으로 전개되었다면, 이제는 시인이 몰두하던 시적 현실, 즉 시적 공간이 창출하는 환영의 세계에 실제의 외부 현실을 끌어들여 결합시키는 새로운 시적 진전을 향하고 있다고 할 수 있다. 이러한 경향은 곧 감각의 새로움의 세계에서 사유의 심연을 향한 변화라고 할 수 있는데, 특히 "나는 있다"라는 제목에서 알 수 있듯이, 존재(Sein)의 양상과 그 근거들에 대한 시적 사유가 빛을 발하고 있다. 이러한 경향성의 변화를 확인하기 위해서 시를 두 편 읽어보자.

    은총과 곤충에는 심이 있다
    날카롭진 않으나 깊고 아픈

    님

    심과 님이라는 말 썩 잘 어울리진 않지만
    둘을 나란히 발음하면 어떤 불꽃이 인다

땅속 암흑을 지르는 삽날처럼

은총 곤충 닙
끝에선 여러 성향의 물질이 흘러나온다

달고 쓰고 시고 얼얼한 느낌을 모두 갖고 있다

부드러운 밧줄이 되거나
견고한 문장이 되거나

세워둔 닙을 통해 지하로 스민 물질은
주로 십자가 책 지도 거미줄이 된다

유리처럼 투명하고 쇳조각처럼 차갑고 단단한 죄를 만들어 내기도 한다
악마도 신도 조작할 수 있다

심 촉 닙

서로 등을 진 채
사색에 잠긴 삼면불상이다

같은 듯 다르다

-「은총 곤충 그리고 닙」전문

　주로 인류에 대한 하나님의 사랑과 은혜를 지칭하는 은총, 그리고 머리, 가슴, 배와 6개의 다리로 이루어진 동물을 지칭하는 곤충, 실의 일부분이 매우 가늘어져 약하게 된 것이라든가 펜촉을 의미하는 닙이라는 사물 사이에서 어떤 유사성과 공통점을 발견하기는 쉽지 않다. 그것들은 종교적 차원의 덕과 생물계에 속하는 한 종류의 유기체, 그리고 어떤 사물의 뾰족한 끄트머리를 의미하는 기표들로서 어떤 공통의 기의나 의미의 인접성을 발견하기 어렵기 때문이다. 그런데 시인은 "은총"과 "곤충"에서 "날카롭지 않으나 깊고 아픈" "심"이라는 공통점을 발견하고, 그것들을 다시 "닙"과 연결시킨다. "심"이란 나무의 고갱이를 의미하기도 하고, 힘줄이라든가 내부, 속 따위의 기의를 거느리고 있는데, 시인이 이처럼 '은총'과 '곤충'이라는 기표에서 공통적인 심을 발견할 수 있는 것은 은총과 곤충이라는 기표에 공통적으로 등장하는 '총'의 파찰음 때문일 것이다. 은총과 곤충이라는 기표는 어떤 대상의 표면을 파헤치며 파고 들어가는 힘을 느끼게 하는데, 이러한 기표의 성질에서 시인은 '심'을 포착하고 있는 것이다.

　또한 시인은 '심'이라는 기표에서 '닙'이라는 기표를 연상하면서 둘 사이의 공통점을 찾아내는데 "둘을 나란히 발음하면 어떤 불꽃이 인다//땅속 암흑을 지르는 삽날처럼"

이라는 이미지를 통해 그것을 형상화하고 있다. '심'과 '닙'의 발음 과정에서 단호하게 끝을 맺는 어떤 의지와 강렬한 결의 같은 것을 연상하며 공통점을 찾아내고 있는 것이다. 물론 이러한 시상의 전개라든가 작시술의 방법은 연상의 법칙에 의존하고 있으며, 연상의 법칙에 의존하고 있다는 점에서 우연성의 법칙에 기대고 있다고 할 수 있다. 연상의 법칙이란 두 사물이나 어휘에서 어떤 공통점을 끌어내는 인식 작용이기는 하지만, 그러한 과정에서 논리적 인과의 과정이 생략되었다는 점에서 필연의 영역에서 일탈하기 때문이다.

이러한 우연성의 법칙은 "은총 곤충 닙"에서 "달고 쓰고 시고 얼얼한 느낌"을 발견하거나 "부드러운 밧줄", 혹은 "견고한 문장"을 연상하는 과정 등에도 모두 관여하고 있다. 특히 "세워둔 닙을 통해 지하로 스민 물질은/주로 십자가 책 지도 거미줄이 된다"는 발상은 굳이 파헤쳐 보자면 잉크를 통한 문자 행위가 형성하는 다양한 정신적 영역의 문화적 산물 등을 추론해 볼 수 있지만, 그러나 어디까지나 이러한 발상은 우연적이고 주관적인 감각과 정서의 흐름에서나 가능할 것이다. 시인이 시의 마지막 부분에서 "심 촉 닙//서로 등을 진 채/사색에 잠긴 삼면불상이다"라고 하면서 '심'과 '촉'과 '닙'이라는 어휘에 불교적 색채를 입히려고 하지만, 그렇다고 해서 어떤 구체적인 전언이나 주제가 형성되는 것은 아니다. 결국 시인의 주된 관심사는 언어의 물질성과 그것이 환기하는 상상적 영역에서의 잉여적 효과라고 할 수 있으며, 은총과 곤충과 닙이라는 이질적인 어휘들이 만나서 형성하는 충격적인 이미지, 그리고 그것들이 추동하는 어떤 연상의 효과라고 할 수 있을 것이다. 이러한 작품 경향이 이전까지 이정란 시인이 견지하던 시적 방법론이었다면, 이번 시집은 다음 시와 같이 달라진 면모를 보인다.

> 나란히 놓인 거울에 비춰 보면
> 반은 얼굴이 없고 반은 다리가 없다
>
> 거울과 거울 사이를 벌리면
> 눈코입이 반으로 나뉜 괴물체
>
> 꿈과 삶 사이를 벌리면 다리는 한 짝에
> 어디에 가 붙을지 갈피 못 잡는 눈코입
>
> 여자를 상자에 담아 뱅뱅 잘라내는 마술사처럼
> 칼을 숨긴 거울과 거울 사이는 허방의 탄생지
>
> 내가 아니라고 할 수 없는 이 생은 저 생의 반신반의
> 죽어 다시 시작할 수 없는 저 생은 이 생의 반신반의

마음 저려 잠에서 깨는 날은
거울 밖으로 꿈을 던져버렸거나
다른 몸을 찾아 멀리 떠났거나

남의 다리가 아닌지 방 한 바퀴
빙 돌다 제자리에 다시 붙을 때

몇 갠지 모르는 거울끼리 딱 맞은 것
개체 사이 거리가 너무 멀면 절멸

내 반신반의에서 너의 반신반의까지만
―「반신반의」 전문

 반신반의(半信半疑)란 물론 반쯤은 믿고 반쯤은 의심한다는 뜻이지만, 어떤 정보나 대상에 대해서 확실하게 믿지 못한다는 점에서 의심스러운 마음에 초점이 있으며, 명증하게 판단하지 못하고 갈팡질팡하고 있다는 점에서 분열된 내면을 함축하기도 한다. 시인은 이처럼 분열된 자아상을 드러내기 위해 거울에 비친 분열된 모습을 이미지로 제시하는데, "반은 얼굴이 없고 반은 다리가 없다"는 표현이나 "눈코입이 반으로 나뉜 괴물체"라는 구절이 그러한 이미지를 구현하고 있다.
 이미지들 사이의 비약과 이접적 결합이 없는 것은 아니

지만, 그것이 단순히 충격적인 이미지의 효과를 노리는데 그치는 것이 아니라 어떤 세계상과 자아상, 혹은 세계에 대한 사유가 도출하는 인식적 결과를 포함하고 있다는 점에서 달라진 면모를 확인할 수 있다. 이 시가 주목하고 있는 것은 두 거울에 비친 자신의 파편화되고 일그러진 그로테스크한 모습이지만, 그 모습 자체가 주는 충격 이상의 것을 함의하고 있다. 즉 "꿈과 삶 사이를 벌리면"이라든가 "이 생은 저 생의 반신반의", 그리고 "저 생은 이 생의 반신반의"라는 구절들을 보면, 거울과 거울에 의해 분열되어 있는 자아의 이미지가 꿈과 현실이라든가 삶과 죽음의 경계와 연결되어 있는 것을 짐작할 수 있다.

또한 "칼을 숨긴 거울과 거울 사이는 허방의 탄생지"라는 구절이라든가 "거울 밖으로 꿈을 던져버렸거나/다른 몸을 찾아 멀리 떠났거나" 등의 표현을 보면, 자아를 반영하는 거울의 불완전성과 그로 인한 인식의 혼란과 곤경의 가능성 등이 암시되어 있으며, 그로 인해서 겪게 되는 꿈과 현실의 혼동, 혹은 자아 정체성의 혼란 등에 대한 암시를 읽어낼 수 있다. 그리고 이러한 이미지들의 조합이 축적한 메시지들의 결합에 의해서 반신반의하는 삶의 태도라든가 신념의 흔들림과 같은 시적 자아의 내면적 동요와 혼란이라는 현대인의 복잡한 내면 풍경이 그려지기도 하는 것이다.

그러니까 이정란 시인의 이번 시집은 기존의 정동을 산

출하는 이미지의 충격적 결합을 이어가면서 거기에 세계와 자아의 실재에 대한 탐색을 담아내는 형국을 취하고 있는데, 가장 중요한 탐색의 주제는 존재와 부재의 실재라고 할 수 있다. 그러니까 '있다'는 것은 무엇이고, '없다'는 것의 실재(the real)는 무엇인지, 어떤 실체가 있다고 한다면 그것의 이유와 존재 근거는 무엇인지 등의 자못 철학적인 사유가 펼쳐지고 있는 것이다. 이 글은 이러한 시적 사유를 담고 있는 이정란 시인의 시편을 읽어가면서 그 사유의 깊이와 양상을 가늠하고자 한다. 먼저 '없다'는 것의 실재를 확인해 보자.

2. '있음'과 '없음', 혹은 존재와 무

무무는 갈 곳 몰라 모르는 곳으로 간다
아는 것도 없고 모르는 것도 없다

무무는 없어지기 위해 애를 쓴다
아무것도 아니기 위해 모습을 보인다

그에게 붙일 이름과 의미를 연구하는 데
많은 시간을 바치지만 무무는 스스로를
애벌레의 직전 나비의 직후라고 생각한다

태생이 없어 아무 말도 할 줄 모르고
눈코입이 없는 얼굴 몸이 없는 몸을 가졌다

만지는 이에 따라 다르게 만들어졌다 곧장 사라지는 무

터미널처럼 느껴질 때도 있고 바람 같을 때도
한칼에 내 몸을 두 동강 낼 때도 있다

자기가 낳은 무를 묵묵히 썰고 있는 무무에게
훈수를 두기도 하지만
배우는 존재가 아니므로 뇌는 없는 것에 가깝다

있는 것에서 멀어지느라 아무에게도 보이지 않고
찾지 않을 때 불현듯 보이는 그를 아예 잊어버리자

없는 존재라고 나를 짓누르기 전에
도처에 이르러 바람의 줄기세포로 반죽되기 전에
－「무무」 전문

 그리스 초기의 철학자 파르메니데스는 『자연에 관하여』라는 주저의 단편에서 "자, 이제 나는 그대에게 생각할 수 있는 탐구의 유일한 길을 이야기하고자 한다"라고 전제하고 "그 하나는 있음의 길이다. 그것이 비존재일 수 없다는 것은 설득의 길이니라. 다른 또 하나의 길은 있지 않은, 그리고 필연적으로 비존재이어야만 하는 길인데, 이 길을 나는 탐구될 수 없는 길로 간주하노라. 왜냐하면 비존재를 안다는 것은 가능하지 않으며 언급될 수도 없기 때문이니라."라고 언급한 바 있다. 그러니까 사유될 수 있고, 언어화될 수 있는 유일한 길은 존재를 다루는 길이며, 없음, 혹은 비존재의 길은 사유될 수도 없고, 언급될 수도 없다고 주장한 것이다.

이 시가 없음에 대해서 다루면서 무수한 역설과 아이러니로 점철되어 있는 것은 파르메니데스가 언급한 비존재, 혹은 없음에 대해 사유하고 언급하려고 하기 때문에, 즉 불가능한 일을 억지로 감행하려고 하기 때문에 발생하는 현상일 것이다. "무무는 갈 곳 몰라 모르는 곳으로 간다"라거나 "아는 것도 없고 모르는 것도 없다"는 시적 진술들은 '없음'이 지닌 역설적 성격을 잘 보여준다. 없음은 연장(延長)도 없고 방향도 없으며, 지(知)와 무지(無知)의 영역에서도 배제되어 있다. 그러니까 없음, 혹은 비존재란 부재를 통해서 존재를 증명해야 하는 배리(背理)의 사태에 직면해 있는 것이다.

그러면서도 없음, 혹은 비존재는 언제나 우리 주변을 떠돌며 자신의 존재를 과시하는데, "터미널처럼 느껴질 때도 있고 바람 같을 때도/한칼에 내 몸을 두 동강 낼 때도 있다"는 구절에서 알 수 있듯이, 어떤 종점을 연상할 때, 혹은 배를 진수하듯이 어떤 일을 착수하기 직전을 맞닥뜨리 때, 그리고 내 몸이 해체되는 임종이라든가 죽음을 상상할 때 수시로 그것은 출몰하여 우리 주변을 맴돈다. 또한 그것은 "만지는 이에 따라 다르게 만들어졌다 곧장 사라지는 무"처럼 분명 없음에도 불구하고 그것을 사유하는 사람들의 상상력의 방향과 관점에 따라서 무수한 형상으로 명명하기도 한다. 그것은 "애벌레의 직전" 혹은 "나비의 직후"처럼 어떤 잠재성 혹은 가능성으로 이해되기도 하고 탈피 후의 변화의 가능성이 없어진 무미건조한 지속으로 수용되기도 한다. 그것은 "없는 존재"의 양상으로, 그 모순적이고 역설적인 형상으로 언제나 우리 곁을 떠돌면서 우리의 삶을 "짓누르"고 있는 것이다. 시인은 "그를 아예 잊어버리자"라고 하면서 그것의 존재 자체를 부인하는 것이 필요함을 역설하고 있지만, 그것은 수시로 출몰하여 존재 자체를 위협하며 세상을 역설과 아이러니의 공간으로 가득 차게 할 것이다. 그렇다면 '있음'이란 무엇일까?

> 땅 어딜 밟아도 벨이 울렸어
> 어딜 파도 까만 씨앗이었어
>
> 새싹은 지축을 흔든 후 혼돈에 빠졌지
>
> 말발굽이 지나가고 떨어져 나간 목에

뒤엉킨 천둥 벼락의 뿌리가 돋아났어

새끼 고양이의 이빨 같은 백설이
무한으로 꽉 찬 세상의 난청을 녹여주었지

영원을 사는 신의 이야기가 까무룩 낮잠이란 걸 알게 된 건
미지의 불 한 덩이 덕분이었어

한 점 내 안에서 출발한 우주가 폭발하고

먼지 하나와 맞물려 공중의 틈 사이로 빠져나가
은하가 되기도 어둠 한 알갱이의 고립이 되기도 했지

하늘은 마음을 펼칠 때마다 열렸다 닫혔다

미래의 옆구리에서 떨어진
내 몸은 신의 언어

시간의 톱니바퀴에 부서져 내릴수록 신은 미지에 가닿고

비어 있음으로 시작되는 중심

나는 지금 수십억 년 동안 나를 빠져나가는 중

무심히 지나가기만 해도 튀는 시간에 휘청이며
                              -「나는 있다」 전문

앞서 언급한 파르메니데스는 귀와 혀와 같은 의미 없는 감각적 정보에 의해 존재의 진리가 왜곡됨을 경계하면서 사유에 의한 진리의 길은 존재의 생성과 소멸, 혹은 운동과 결핍 등의 속성을 거부한다고 밝힌 바 있다. 생성된다는 것은 이전에 없었던 것이 있게 된다는 것이며, 소멸한다는 것은 있던 것들이 없어진다는 것인데, 그렇다면 그러한 존재는 가변적이고 상대적인 것이기에 진정한 존재라고 할 수 없다는 것이다. 또한 어떤 것이 불완전하고 결함이 있다면 그것 또한 절대적 관점에서 있다고 할 수 없기에 존재에 해당될 수 없다고 논증한다. 그러나 이 시에서 시인에게 존재의 가장 확실한 증거는 생성과 운동이라고 할 수 있다. 어떤 것이 생겨난다는 것, 그리고 그것이 시간의 계기적 질서에 따라서 움직인다는 것이야말로 어떤 것이 있다는 확실한 증거가 된다는 것이다. 물론 파르메니데스는 이러한 경험적 사실을 억견의 길이라 하여 현상 세계의 질서라고 인정하고 있지만, 그것은 미혹과 오해의 산물이라고 폄하한다.

그런데 시인에게 있다는 것은 "땅 어딜 밟아도 벨이 울렸어/어딜 가도 까만 씨앗이었어"라는 구절에서 알 수 있듯이 세상이 온통 어떤 '씨앗' 혹은 생명의 기운으로 교감하며 연결되어 있는 현상을 통해 지각된다. 그러니까 죽어 있지 않고 살아 꿈틀거리는 현상이야말로 어떤 것들이 있다는 확실한 증표로 다가오는 것이다. 물론 이러한 과정은 혼란이기도 한데, "새싹은 지축을 흔든 후 혼돈에 빠졌지"라든가 "말발굽이 지나가고 떨어져나간 목에/뒤엉킨 천둥벼락의 뿌리가 돋아났어"라는 격렬한 이미지가 암시하듯이 동요와 분쟁, 갈등과 소란의 소용돌이이기도 한 셈이다.

그런데 내가 있다는 가장 확실한 증거는 존재의 근거이자 배경인 우주의 존재이다. 우주가 존재하고 있다는 것, 그리고 그 우주의 한 일부분인 소우주로서 내가 그 속에서 끼어 있다는 것이야말로 확실한 존재 근거가 되는 것이다. 잘 알려져 있듯이 최근의 가장 설득력 있는 우주론인 빅뱅이론에 의하면 태초에는 모든 에너지가 한 점에 모여 있었다가 약 137억 9,900만 년 전 대폭발을 일으켜 우주를 형성했을 것이라고 한다. 이러한 대폭발 이후 대략 우주 밀도의 70%를 차지하는 우주 에너지와 25%를 차지하는 '암흑 물질'로 구성된 우주가 형성되었으며, 대폭발의 결과로 우주는 여전히 팽창하고 있다는 것이다. 시인은 이러한 물리학적 사실을 "한 점 내 안에서 출발한 우주가 폭발하고//먼지 하나와 맞물려 공중의 틈 사이로 빠져나가/은하가 되기도 어둠 한 알갱이의 고립이 되기도 했지"

라는 주관적 진술로 응축하고 있다.

 이러한 우주의 존재가 내가 있을 수 있는 필요조건을 제공하고 있는데, 또 하나 나의 존재 근거는 바로 신(神)이라고 할 수 있다. 아리스토텔레스와 중세의 숱한 철학자들이 도전한 바 있는 신의 존재 증명에 대한 문제도 문제이지만, 중요한 것은 나의 존재 근거로서의 신의 존재이다. 그러니까 내가 존재하기 위해서는 나를 존재하게 한 어떤 존재가 있어야 하고, 그 존재를 존재하게 한 존재가 있어야 하며, 이렇게 한없이 거슬러 올라가다 보면 자신은 다른 원인에 의존하지 않으면서도 다른 존재의 원인이 되는 존재, 곧 부동(不動)의 동자(動者)로서의 신의 존재에 이르게 되는데, 이러한 신의 존재는 내가 있다는 확실한 증거가 되는 것이다. 「나는 있다」는 이 시에서 시인이 "영원히 사는 신의 이야기"라든가 "내 몸은 신의 언어", 혹은 "신은 미지에 가닿고" 등의 표현을 통해서 자꾸 신의 존재를 소환하는 것은 이러한 사정 때문이다.

 있음과 관련된 이 시에서 가장 주목되는 모티프 가운데 하나는 '시간'의 문제이다. "영원을 사는 신의 이야기", 그리고 "미지의 불 한 덩이", "미래의 옆구리에서 떨어진/내 몸", "시간의 톱니바퀴", "나는 지금 수십억 년 동안 나를 빠져나가는 중", "뛰는 시간에 휘청이며" 등의 무수한 표현 속에서 시간이라는 개념이 꿈틀거리고 있다. 대지의 여신 가이아와 하늘의 신 우라노스가 결합하여 나은 자식이 크로노스(Chronos, 시간)라는 것을 생각해 보면 존재의 발생 사건에서 시간이 차지하는 중요성을 짐작할 수 있다. 하지만 뒤에서 다시 한번 시간에 대해서 생각해 보고, 있음의 근원적 형상이자 또한 근거이기도 한 '어둠'과 '빛'에 대해 먼저 생각해 보자.

3. 어둠과 빛의 존재

한 겹 열고 나아가면
더 어두운 두 겹

어둠의 악보로 서서 들리지 않는 노래를 받아 적는다

목을 감고 떨어지지 않는 젖은 머리칼의 느낌

관 속에서 부패한 암흑
검은 나를 들여다보는 항아리

텅 빈 들판을 헤매는 텅 빈 하늘
벼리 없는 그물이 잠겨 있는 심해

진땀처럼 흘러내려
녹슨 철문처럼 뻑뻑해

늪처럼 발이 빠져

자정 가까운 정원에서 코를
툭 치고 빠지는 검은 나방은 어디서 왔어

침묵 속에 놓인 나 한 점이
너의 어둠이라고?

내 코밑 숨은 깊고 버려진
어린 생명의 주먹 쥔 손바닥이 제일 까맣다고?

아, 우린 피차 검고
마주한 채 등지고 있구나

— 「어둠」 전문

  다시 한번 파르메니데스를 인용하자면, 그는 "모든 사물들은 빛과 어둠으로 이름지어지고 그것들의 힘에 걸맞는 이름들이 이 사물들 혹은 저 사물들에 할당되어 있기에 만물은 빛과 어두운 밤으로 동시에 가득 차 있다"고 노래한 바 있다. 그러니까 빛이라든가 어둠이 사물을 이루는 질료와 같은 것으로 이해되고 있으며, 사물을 형성하는 구성 요소로서 원자처럼 취급되고 있음을 알 수 있다. 이 시에서 그것은 무엇보다 감각적으로 수용되며 밀도와 심연으로 이해되고 있다. "진땀처럼 흘러내려/녹슨 철문처럼 뻑뻑해/늪처럼 발이 빠져"라는 표현을 보면, 어둠이 질량을 가진 물질처럼 수용되고 있고, 밀도와 부피를 지닌 사물처럼 취급되고 있는 것이다. "한 겹 열고 나아가면/더 어두운 두 겹"이라는 대목에서도 어둠이 켜와 층을 지닌 더미로 수용되고 있음을 알 수 있다.

하지만 역시 어둠이란 부재의 존재라는 점에서 역설적인 속성을 지니고 있다. "텅 빈 들판을 헤매는 텅 빈 하늘"이라든가 "벼리 없는 그물이 잠겨 있는 심해", 혹은 "침묵 속에 놓인 나 한 점이/너의 어둠이라고?"라는 대목들을 보면, 어둠이란 부재를 통해서 자신의 존재를 증명하는 성질을 지니고 있음을 짐작할 수 있다. 시인에게 어둠이 부재를 통해 실재가 증명되는 것이기에 그것은 어떤 다른 존재의 배경이라든가 맥락으로 작동한다. "어둠의 악보로 서서 들리지 않는 노래를 받아 적는다"라거나 "침묵 속에 놓인 나 한 점이/너의 어둠이라고?"라는 표현들이 어둠이란 곧 다른 존재의 근거이자 배경 역할을 한다는 점을 암시한다. "아, 우린 피차 검고/마주한 채 등지고 있구나"라는 대목을 보면, 어둠이란 존재 자체이기도 하고, 다른 존재를 위한 근거라는 이중적인 성격을 지니고 있음을 짐작할 수 있다. 시인은 어둠이라는 존재의 근원으로 들어가 그것이 지닌 존재론적 함의와 속성을 역설적 접근을 통해서 이미지화하고 있는 셈이다. 그렇다면 빛은 어떨까?

보이는 것은 다 알고 있다는 착시가 눈부시다

낟알의 솜털
날리는 사암 가루

그림자를 모으면 빛의 부엌에 초대된 기분
눈앞의 것은 빛이 아닌 빛에 드러난 검은 물질들

물속에 침투한 빛은
수중생물을 깨운다

고도에서 풀어지는 빛의 꽃다발
어둠의 수사보단 넘나듦 포용
스며듦 뫼비우스의 띠 같은 말들

유리 가루에서 떨어지는
빛의 진액에 눈이 먼다

물방울을 다리에 달고 다니는 사막지네
눈먼 빛을 골라 줄을 치는 낙타거미
태양을 질문하다 녹아 버린 은개미

얼룩무늬 안에서 착시를 지키는 샌드피시

빛의 무덤인 사막에서
햇볕에 타 죽은 생물들은
빛의 행성으로 떠다닌다

모래에 빠져 목만 내민 사람 앞으로 뱀이 다가가고 있다
― 「빛」 전문

  시인에 의하면 어둠과 마찬가지로 빛 또한 존재 그 자체이자 다른 존재를 가능케 하는 근거이자 배경의 역할을 한다. 동시에 빛은 그것의 부재를 통해서 존재를 드러내는 속성을 지니고 있기도 하다. "그림자를 모으면 빛의 부엌에 초대된 기분/눈앞의 것은 빛이 아닌 빛에 드러난 검은 물질들"이라는 표현에서 그러한 사실을 발견할 수 있는데, 빛의 차단에 의해 형성된 그림자는 빛이 존재한다는 하나의 반증으로 기능하고 있으며, 빛 또한 그 자체의 존재성을 과시하기보다는 다른 존재를 비추어 그것을 드러나게 한다는 속성을 지니고 있음을 알 수 있다.

  또한 빛은 "고도에서 풀어지는 빛의 꽃다발"이라든가 "어둠의 수사보단 넘나듦 포용/스며듦 뫼비우스의 띠 같은 말들"이라는 이미지와 서술들이 암시하고 있듯이 응축과 수렴보다는 확산과 분산의 성격을 지니고 있으며, 배제

와 배척보다는 포용과 수용의 성질을 지니고 있음을 시사한다. 시인은 이러한 속성에 대해 '뫼비우스의 띠 같은 말들'이라는 해석을 덧붙이고 있는데, 이러한 해석은 빛이 모든 경계를 무화하고 구분과 구별을 철폐하는 속성을 지니고 있다는 것을 암시하고 있다.

가장 주목되는 점은 빛이 생명과 생존의 기능을 담당하고 있으며, 수많은 생명들에 의해 자신의 생명을 유지하는 원천으로 활용되고 있다는 점이다. 이 시에 등장하는 사막지네라든가 낙타거미, 그리고 은개미라든가 샌드피시 등이 주로 "빛의 무덤인 사막"에서 살아가는 생명체들인데 그들은 어떤 식으로든 빛을 이용해서 생존을 영위해가고 있다. 그러니까 빛은 어둠과 마찬가지로 존재의 근원으로서 뭇 생명들이 존재하도록 하는 원초적인 존재로서 작동하고 있는 셈이다. 존재자들은 이러한 빛과 어둠이라는 근원적인 존재론적 근거에서 자신의 존재 가능성을 발현시키고 있다고 할 수 있는데, 존재론적 자장에서 시간의 함수는 결코 무시할 수 없는 요소라고 할 수 있으며, 그것에 의해서 존재의 발생이라는 사건이 일어난다.

4. 존재론적 사건의 발생과 시간

태초에 까만 정지가 있었지
곧 태어날 동식물의 들숨과

내 씨앗의 날숨도 어딘가에 준비돼 있었지

팽창하는 우주를 거꾸로 호흡 안으로 불러온다
시간의 어지럼증을 없애기 위해 그것보단

우주도 좀 쉬어 가야지

비슈누의 손을 잡고 큰 우주를 건너뛰며 작은 우주가 온다
자전 공전의 고삐 워워, 잡아당긴다

직립 이전까지 거슬러 올라가면 산책을 못 하니
허리 펴고 두 손은 땅에서 뗀다

한여름 땡볕에 정수리가 녹고
양어깨까지 허물어지는 묘미

어떤 까만 시간 가운데에 떨며 서 있다

희미한 정신의 물결이
대지에 보습처럼 박힌
로빈슨 크루소의 성기에 닿는다

프레임에 걸어 두었던 고삐 느슨해지고

다시 멀어져가는 우주 꽁무니를 무는 까마귀 떼
─「고독한 산책자의 프레임」 전문

태초에 생명의 기운이 생겨나는 원초적 상태가 시인의 상상력을 통해서 재구성되고 있다. "태초에 까만 정지가 있었지"라는 구절이 정적인 우주를 상정하고 있는데, 이러한 우주는 대폭발을 일으키게 되고, 그리하여 팽창하게 되는데, "팽창하는 우주를 거꾸로 호흡 안으로 불러온다"는 구절이 그러한 팽창하는 우주 속에서 생명의 기운이 싹트게 되었음을 암시하고 있다. 물론 대폭발 이전의 정적인 우주 속에는 "곧 태어날 동식물의 날숨과/내 씨앗의 날숨도 어딘가에 준비돼 있었지"라는 시적 표현에서 알 수 있듯이 생명의 근원이 기미로 작동하고 있음도 눈치챌 수 있다.

시간의 문제 또한 매우 중요한데, "시간의 어지럼증"이라든가 "어떤 까만 시간 가운데에 떨며 서 있다"는 표현들이 존재론적 사건의 발생에서 시간이 중요한 함수로 작동하고 있음을 함축해 준다. 어떻게 보면 "비슈누의 손을 잡고 큰 우주를 건너뛰며 작은 우주가 온다"는 표현에서도 시간에 대한 관심을 읽어낼 수 있다. 이 표현은 거대한 우주의 질서인 다르마를 수호하는 비슈누 신의 역할과 인간 세상의 현상을 유지하는 비슈누 신의 면모를 확인할 수 있는 대목이기도 하지만, 시간의 신이기도 한 비슈누에 의해서 소우주인 인간이 발생하는 사건으로 해석할 수도 있기 때문이다.

그런데 더욱 주목되는 점은 "희미한 정신의 물결이/대지에 보습처럼 박힌/로빈슨 크루소의 성기에 닿는다"는 구절이다. 다시 한번 파르메니데스를 인용해 보면, 그는 불과 어둠으로 가득 차 있는 세상의 중심에는 만물을 지배하는 여신인 아프로디테가 있다고 전제하고, 그녀는 짝짓기로 인한 모든 지겨운 해산의 일들과 때로는 여성을 남성에게 보내서 때로는 남성을 여성에게 보내 관계를 갖게 하는 일들을 관장한다고 노래한다. 시인이 애매하게 표현한 "희미한 정신의 물결"은 바로 이러한 끌어당기는 힘으로서의 인력(引力)을 내포하고 있는 아프로디테와 같은 신적 존재를 연상하게 한다. 그렇다면 대지에 보습처럼 박힌 로빈슨 크루소의 성기란 어떤 잉태의 원초적 형상이라고 할 수 있을 것이다. 마지막으로 존재 발생의 사건 이후의 양상을 확인해 보자.

어디선가 한 물질이 왔다

그 물질이 감자의 생각에 닿아 싹을 틔운다. 싹은 감자를 둘러싼다. 처음의 감자는 썩어 없어진 채 여기 있다싹은 꽃과 낙화를 동시에 품는다. 꽃은 느낀다. 몸을 간지럽히는 게 주어진 최대치의 사랑이란 걸. 나비는 꽃을 첫눈에 알아보기 위해 태어난다

감자를 심은 건 물, 물은 형태를 바꾸며 감자를 지나고 물을 건너 감자 바깥으로 나간다. 감자의 생각도 물길 따라 갈라지고 이동한다

최초의 싹과 감자가 가장 멀리 있을 때 꽃이 감자를 연다. 꽃은 다른 감자를 보려는 눈. 눈물을 통해 낯선 세계가 보일 때 꽃은 감자를 닫는다

감자는 감자가 되기 위해 낙화를 물고 뿌리 깊은 곳을 파고 들어가 중심을 분해하고 생각을 녹인다

감자에 땅이 나고 하늘 나고
감자에 싹이 나고 잎이 나고
              −「감자」전문

감자란 존재 발생의 사건이 일어난 하나의 마당이자 소우주라고 할 수 있는데, 존재 발생 이후는 유전과 순환이 거듭된다. 그 양상은 어떤 물질과 정신의 결합에 의해서

싹이 나고, 그 싹이 꽃을 피우며 본체를 거부하고, 그리고 "낙화를 물고 뿌리 깊은 곳을 파고 들어가 중심을 분해하고 생각을 녹이"는 과정을 통해서 완결된다. 그리하여 감자에 싹이 나고 잎이 나고 꽃이 피는 과정은 "감자에 땅이 나고 하늘 나고"와 같이 새로운 세상이 하나 출현하는 것과 같은 사건이 된다.

이 과정에서 어디선가 다가온 "한 물질"은 에테르를 통해 전달된 어떤 정기라든가 에너지와 같은 것으로서 앞서 인용한 시의 "희미한 정신의 물결"과 크게 다르지 않을 것이다. 그것이 감자의 생각을 움직이자 모든 사태의 발단이 생성되고, 그리하여 사태는 비슈누라든가 아프로디테의 다르마(dharma)에 의해 움직이게 된다. 꽃이 피고, 그것을 알아본 나비가 날아와 수정을 하게 되고, 그것은 씨앗으로 응축되어 다른 소우주를 열게 된다. 이때 '사랑'이 근원적인 역할을 하게 되고, 그 과정에서 물이 수증기가 되어 흐르게 되고, 눈물과 같은 정동의 흐름이 끼어들게 된다. '있음'의 세계는 이처럼 그냥 있지 않고, 생성하고 흐르고 변화하면서 세상의 다르마를 유지하게 되는 것이다.

지금까지 이정란 시인의 다섯 번째 시집의 시적 사유와 이미지의 향연에 대해서 살펴보았는데, 이정란 시인이 이번 시집에서 담아낸 시적 세계의 극히 피상적인 면모만을 드러내고 말았다. 시인은 오랜 시간 묵히고 삭히고 발효시킨 시적 사유를 날카로운 이미지를 통해 함축하고 있는데,

이 글은 그러한 시적 사유의 극히 일부만을 건드리고 마무리하게 되었다. 시인이 전개하고 있는 시적 사유는 '있음'이라는 원초적인 세계를 향하고 있는데, 그것을 바라보는 관점은 지극히 현미경적인 시선을 취하고 있어서 성긴 비평적 감식안으로 그것을 다 잡아내는 데는 한계가 있을 수밖에 없을 것이다. 앞으로도 시인은 비평이 쫓아갈 수 없는 지평을 향해서 더욱 날카로운 이미지와 사유를 전개시킬 것이라 기대해 본다.

시인수첩 시인선 082
나는 있다

ⓒ 이정란, 2023

초판 1쇄 인쇄 2023년 12월 19일
초판 1쇄 발행 2023년 12월 27일

지은이 | 이정란
발행인 | 이인철

펴낸곳 | (주)여우난골
주 소 | 서울특별시 강남구 연주로30길 27. 606호 (도곡동 우성리빙텔)
전 화 | 02-572-9898
팩 스 | 0504-981-9898
등 록 | 2020년 11월 19일 제2020-000328호

블로그 | blog.naver.com/seenote
이메일 | seenote@naver.com

ISBN 979-11-92651-22-4 03810

* 파본은 구매처에서 바꾸어 드립니다.

* 이 시집은 서울문화재단 '2019년 창작집 발간 지원사업'의 지원을 받아 발간되었습니다.